1.000 TESTS ESPAÑOL

nivel 2

Primera edición 1995

Editorial Stanley

Escrito por
Eduardo Rosset
Miembro del Colegio de Licenciados de
Filosofía y Letras de Euskadi.

Editado por
Editorial Stanley

Diseño y Maquetación
Angela Gómez Martín

Diseño portada
Esquema

Imprime
Gráficas Orvy

© **Editorial Stanley**
Apdo. 207 - 20300 IRUN - SPAÑA
Telf. (943) 61 58 63 - Fax. (943) 61 97 52

I.S.B.N. 84-7873-261-6
Primera Edición 1.995

1.000 TESTS ESPAÑOL

nivel 2

1. Te dejaré un poco ...... de tiempo para terminar el ejercicio.
   - a) más
   - b) bastante
   - c) mucho
   - d) menos

2. Me ...... dijeron ayer noche y no lo podía creer.
   - a) los
   - b) le
   - c) les
   - d) lo

3. Cuando entró en casa todos ...... comiendo.
   - a) estaban
   - b) iban
   - c) están
   - d) eran

4. Se dice que esta mañana ...... en unos grandes almacenes.
   - a) han robado
   - b) roban
   - c) robarían
   - d) robaban

5. Me pregunto qué ...... para cenar esta noche.
   - a) querrá
   - b) he querido
   - c) quiero
   - d) quería

6. Ella generalmente ...... peina el pelo como su madre.
   - a) se
   - b) la
   - c) te
   - d) me

7. ...... me dio mucha vergüenza cuando tuve que salir a escena.
   - a) A ti
   - b) A mí
   - c) A él
   - d) A me

8. El ...... ha dicho cuando salía de clase esta mañana.
   - a) me te
   - b) me le
   - c) lo me
   - d) me lo

9. Nosotros ...... salir esta tarde a las 7 para Burdeos.
   - a) iremos
   - b) tendremos
   - c) tenemos
   - d) vamos a

10. ¡Ve ...... a comprar el pan!
    - a) a ti
    - b) tú
    - c) tu
    - d) ti

11. ¿ ...... estás de tan mal humor esta mañana, Pedro?
    - a) Por que
    - b) Porqué
    - c) Porque
    - d) Por qué

12. Mi primo Jerónimo ...... de casa cuando yo llegué.
    - a) saldrá
    - b) ha salido
    - c) sale
    - d) salía

13. Mientras tú ...... en la ducha, yo he hecho todos los deberes.
    - a) estaría
    - b) habías estado
    - c) estabas
    - d) estás

14. Antes la gente ...... más feliz que ahora.
    - a) estaba
    - b) será
    - c) era
    - d) es

15. Todos ...... reunidos en la sala de estar cuando entré en la casa.
    - a) estaban
    - b) estáis
    - c) estarán
    - d) eran

16. ¿ ...... te has parado en esa esquina?
    - a) Porqué
    - b) Por que
    - c) Porque
    - d) Por qué

17. No ha venido ...... no tenía casi tiempo.
    - a) cuando
    - b) si
    - c) ya
    - d) porque

18. ¡ ...... llegues pon la cena en el fuego!
    - a) Entonces
    - b) Para
    - c) Si
    - d) Cuando

19. ¿Dónde ...... unos ceniceros para la reunión de esta noche?
    - a) parecen
    - b) son
    - c) hay
    - d) están

20. En este jardín ...... bastantes jarrones con plantas.
    - a) son
    - b) forman
    - c) están
    - d) hay

1. Tu primo Jaime se ...... sin decir una sola palabra.
   a) dirigió
   b) puso
   c) vino
   d) fue

2. Esta mañana ...... en el ambulatorio con mi hermana.
   a) esté
   b) estaré
   c) he estado
   d) estuve

3. Esta mañana ...... caído la cartera en la calle.
   a) la me
   b) se me ha
   c) me se ha
   d) mi se

4. No ...... lo quiero enseñar todavía (a vosotros).
   a) me
   b) te
   c) os
   d) vos

5. (Nosotros) ...... a verte ayer pero no estabas.
   a) venimos
   b) vinimos
   c) tendremos
   d) tendríamos

6. María no ...... salir esta tarde porque tiene bastantes deberes.
   a) podría
   b) podido
   c) podrá
   d) podía

7. A las 4 ...... a ir a una charla sobre técnicas de ventas.
   a) va
   b) está
   c) es
   d) tiene

8. ¿...... te has quedado en casa toda la tarde?
   a) Porqué
   b) Por que
   c) Porque
   d) Por qué

9. La ropa no ...... en el armario.
   a) cabía
   b) cupía
   c) cupe
   d) quepa

10. ¡No ...... usted tan tarde a trabajar!
   a) ven
   b) venga
   c) vengas
   d) vayas

11. No había ...... cuando fui. No había gente.
   a) ninguno
   b) ningún
   c) nadie
   d) ninguna

12. Ella no sabía ...... todavía.
   a) nadie
   b) algo
   c) ningún
   d) nada

13. Todavía no ...... lo que quiere ese hombre.
   a) se
   b) sé
   c) sepa
   d) sabía

14. Espero que lo ...... lo antes posible.
   a) haces
   b) hagas
   c) vengas
   d) viene

15. Cuando ...... a Madrid ven a verme
   a) vienes
   b) vengas
   c) ven
   d) viene

16. Si alguien pregunta por mí dile que ...... ocupado.
   a) estoy
   b) estaba
   c) estuve
   d) soy

17. Me pusieron ...... por aparcar en la acera.
   a) un billete
   b) un ticket
   c) una multa
   d) una nota

18. Le dijeron que había ...... el examen.
   a) suspendido
   b) fracasado
   c) fallado
   d) hundido

19. Me las pagarás cuando te ....
   a) cogo
   b) coja
   c) cojo
   d) coga

20. Me alegraré cuando ...... paz entre vosotros.
   a) haiga
   b) hay
   c) haya
   d) hubo

1. Venía distraído y me dí un golpe ...... la puerta.
   - a) en
   - b) contra
   - c) a
   - d) de

2. Tenemos que comprarlo antes ...... verano.
   - a) de el
   - b) de
   - c) de la
   - d) del

3. ...... a salir cuando llamaron a la puerta.
   - a) Iré
   - b) Había ido
   - c) Iba
   - b) Voy

4. En 1970 el Sr. Martínez ...... todavía director de la fábrica.
   - a) ha sido
   - b) sería
   - c) era
   - d) es

5. Me pareció que ...... tu primo el que iba en el coche.
   - a) es
   - b) era
   - c) sería
   - d) ha sido

6. ...... a salir cuando llegó mi madre con la noticia.
   - a) Iba
   - b) Salía
   - c) He ido
   - d) Voy

7. Donde ahora ...... un supermercado, antes ...... una lechería.
   - a) es/tenía
   - b) hay/había
   - c) hay/parecía
   - d) había/hay

8. ...... tanta gente que no se veía el coche accidentado.
   - a) Sucedía
   - b) Había
   - c) Ha
   - d) Tenía

9. No vinimos ayer ...... teníamos que ir al dentista.
   - a) porqué
   - b) puesto
   - c) como
   - d) porque

10. ...... estudiar más si quieres aprobar este curso.
    - a) Debes
    - b) Vas
    - c) Tienes
    - d) Has

11. Mi madre está en la tienda. Me ...... que espere fuera un momento.
    - a) ha dicho
    - b) decía
    - c) dice
    - d) dijo

12. ...... mucho rato por la carretera hasta que paró un coche.
    - a) Andaría
    - b) Andó
    - c) Anduvo
    - d) Andará

13. Yo no ...... decirte nada antes de saber la verdad.
    - a) tuvo
    - b) estuvo
    - c) quise
    - d) quiso

14. ...... unos regalos y luego se marchó al despacho.
    - a) Trae
    - b) Trayó
    - c) Traía
    - d) Trajo

15. La forma negativa de "cógelo" es ¡......!
    - a) no lo cogas
    - b) no lo cogerás
    - c) no lo cojes
    - d) no lo cojas

16. ¿Qué ...... en las pasadas vacaciones de Pascua?
    - a) hicieras
    - b) haces
    - c) hices
    - d) hiciste

17. Todos los días jugábamos a cartas, pero aquel día ...... una excepción.
    - a) hacíamos
    - b) haremos
    - c) hicimos
    - d) hacemos

18. Mi hermano trabaja allí ...... hace 7 años.
    - a) a
    - b) en
    - c) de
    - d) desde

19. Ese niño está chillando en la calle desde ...... media hora.
    - a) hay
    - b) hace
    - c) una
    - d) hacía

20. ...... mayor aunque sólo tenía 27 años.
    - a) estaba
    - b) se hallaba
    - c) parece
    - d) parecía

1. El accidente ...... mientras los Sres. Martín paseaban por la avenida.
   - a) ocurrió
   - b) ocurría
   - c) ocurre
   - d) ha ocurrido

2. Sabía el final porque ya ...... la película.
   - a) veía
   - b) había visto
   - c) ha visto
   - d) vería

3. En 1974 ya ...... a tu padre.
   - a) conocí
   - b) conocía
   - c) conozco
   - d) conocería

4. Cuando nos casamos no ...... ni siquiera casa.
   - a) tendré
   - b) tendremos
   - c) teníamos
   - d) tuvimos

5. No quería decirle nada a su primo porque le ...... mucho.
   - a) odiaría
   - b) odien
   - c) odie
   - d) odiaba

6. Mientras cantábamos, alguien ...... en la clase.
   - a) entra
   - b) entrará
   - c) entraba
   - d) entró

7. Le quería decir la verdad pero no se ....
   - a) atrevía
   - b) atreverá
   - c) atreve
   - d) había atrevido

8. Había ...... chico que estaba mascando chicle en clase.
   - a) algún
   - b) unos
   - c) alguno
   - d) alguien

9. Ese coche no ...... nuevo pero ...... casi nuevo.
   - a) es/parece
   - b) está/tiene
   - c) está/parece
   - d) es/estaría

10. Mis amigos ...... muy interesados en las artes marciales.
   - a) se dan
   - b) pueden
   - c) están
   - d) son

11. ...... molesta porque no le hemos dicho nada.
   - a) Es
   - b) Está
   - c) Tiene
   - d) Siente

12. ...... vez que viene a casa, trae un regalo para todos.
   - a) Todos
   - b) Siempre
   - c) Cada
   - d) Toda

13. Se enfada por ......, no tiene buen carácter.
   - a) casi
   - b) todo
   - c) algo
   - d) alguna cosa

14. Había ...... chicos que jugaban en medio de la calle.
   - a) todos
   - b) casi
   - c) algo
   - d) algunos

15. Nos dormimos ...... porque estábamos muy cansados.
   - a) eficazmente
   - b) tranquilamente
   - c) fácilmente
   - d) enseguida

16. Vivía en el ...... piso de una casa sin ascensor.
   - a) tercero
   - b) tercer
   - c) tres
   - d) tercera

17. He visto a esa persona en ...... otro sitio.
   - a) alguien
   - b) algo
   - c) algún
   - d) alguna

18. Cuando no ...... el autobús iba en taxi.
   - a) cogería
   - b) ha cogido
   - c) coge
   - d) cogía

19. Tenía una casa ...... con un parque enorme.
   - a) gran
   - b) mejor
   - c) grande
   - d) grandioso

20. Quiero que ...... a verme enseguida.
   - a) verte
   - b) vienes
   - c) vinieras
   - d) vengas

1. Es necesario que me .... dónde vive. Necesito verle.
   a) digas
   b) dirás
   c) dile
   d) dices

2. Debo salir luego aunque ...... a cántaros.
   a) lloverá
   b) lloviera
   c) llueva
   d) llueve

3. Ven cuando ...... a nuestra casa. Siempre serás bienvenido.
   a) quieras
   b) querías
   c) quieres
   d) querrás

4. No tengo el gusto ...... conocer a esa persona.
   a) en
   b) por
   c) de
   d) a

5. Tenía interés ...... ver la nueva biblioteca.
   a) a
   b) para
   c) de
   d) en

6. Comeremos todo lo que nos ....
   a) apetezca
   b) apetece
   c) apeteciera
   d) apeteció

7. Prefiere que te ...... un nuevo vestido allí.
   a) comprado
   b) comprases
   c) compras
   d) compres

8. A mí ...... gusta esa chica.
   a) la
   b) le
   c) os
   d) me

9. Sentimos que no se ...... usted bien de salud.
   a) encuentre
   b) hay encontrado
   c) encuentra
   d) ha encontrado

10. Le dijo a la secretaria que ...... la carta de nuevo.
    a) escribiría
    b) escribiera
    c) escribe
    d) escriba

11. ¿...... ha venido hoy a visitarte? Mi primo.
    a) Cuál
    b) Qué
    c) Quién
    d) Quienes

12. No ...... hacer el tonto en clase.
    a) tienes
    b) debías
    c) deberías
    d) tendrías

13. Ella no ...... venir ayer porque tenía a su madre enferma.
    a) ha querido
    b) quiere
    c) quiso
    d) querrá

14. El Sr. García ...... a verle y se llevó un gran disgusto.
    a) iría
    b) es
    c) vas
    d) fue

15. Ellos no ...... en casa esta noche.
    a) duermes
    b) han dormido
    c) duerme
    d) durmieron

16. El ingeniero ...... el puente y luego arregló la carretera.
    a) construyendo
    b) construyó
    c) construido
    d) construía

17. Mis mangas son más cortas ...... las de tu vestido azul.
    a) menos
    b) más
    c) como
    d) que

18. Si has leído el periódico ya ...... que Pedro tuvo un accidente el otro día.
    a) sabrías
    b) sabrás
    c) sabes
    d) sabías

19. Antes no ...... dormir tanto por las mañanas.
    a) salía
    b) solía
    c) suelo
    d) saldré

20. ¿A qué hora os ...... cuando ibais al colegio?
    a) acostabais
    b) acuestan
    c) acostarán
    d) acostáis

1. ¿Quién ...... la novela que está sobre la mesa?
   - a) tradujera
   - b) traduzca
   - c) traduce
   - d) ha traducido

2. Me parece que Luisa ...... demasiado anoche.
   - a) bebió
   - b) bebí
   - c) bebía
   - d) bebe

3. Viven ...... 6 kilómetros de Barcelona.
   - a) en
   - b) más
   - c) a
   - d) por

4. ¿...... te bañas en la playa? Con traje de baño.
   - a) En qué
   - b) De qué
   - c) A qué
   - d) Con qué

5. Quieren que nos ...... las vacaciones en mayo.
   - a) diesen
   - b) darán
   - c) den
   - d) dan

6. Quizás ella lo ...... mejor que tú.
   - a) entendían
   - b) entendiera
   - c) entienda
   - d) entenda

7. Aunque me lo ...... cien veces no lo creeré.
   - a) repitas
   - b) repites
   - c) repetía
   - d) repetiría

8. Me gusta mucho fumar ...... pipa. Es muy romántico.
   - a) por
   - b) con
   - c) a
   - d) en

9. No tengo el gusto ...... conocer a tu hermana.
   - a) de
   - b) por
   - c) a
   - d) en

10. ¿...... has sabido eso? Por tu hermana.
    - a) Dónde
    - b) Cuál
    - c) Qué
    - d) Cómo

11. ¿ ...... habéis pasado para ir a Córdoba?
    - a) Por dónde
    - b) En dónde
    - c) Dónde
    - d) A dónde

12. ...... quiso saber nada sobre el asunto del crimen.
    - a) Nada
    - b) Nadie
    - c) Ningún
    - d) Ninguno

13. Tu padre ...... las maletas y se marchó volando.
    - a) hacía
    - b) hació
    - c) hace
    - d) hizo

14. ...... hacia la estación y me quedé allí esperando.
    - a) Conducían
    - b) Conducí
    - c) Conducido
    - d) Conduje

15. Esos tipos son ...... me han robado el reloj.
    - a) los cual
    - b) los que
    - c) el que
    - d) que

16. Me dijo ...... me ...... un momento.
    - a) a/calle
    - b) que/callara
    - c) cual/callan
    - d) que/callará

17. Me ...... a casa y me dio algo de dinero para comprarme algo.
    - a) traí
    - b) traído
    - c) trae
    - d) trajo

18. .... sabe dónde está Luis. Ha desaparecido.
    - a) Ningún
    - b) Nada
    - c) Nadie
    - d) Ninguno

19. Me ...... que no pensaba salir nunca más tan tarde.
    - a) dirá
    - b) diría
    - c) dice
    - d) dijo

20. Tu deber de compañero es no ...... a nadie.
    - a) decírlole
    - b) decírselo
    - c) decírlelo
    - d) decirlose

1. La señora ...... perro se llama "Lady" vive en el 3º.
   a) que
   b) cual
   c) cuyo
   d) quien

2. La señora ...... marido ha muerto, es muy simpática.
   a) del cual
   b) que el
   c) que le
   d) cuyo

3. Ese es el chico ...... salgo ahora. Se llama Juan.
   a) para quien
   b) con quien
   c) con que
   d) a quien

4. Las películas ...... echan en la "tele" son bastante malas.
   a) las cual
   b) quienes
   c) cual
   d) que

5. La compañía ...... trabajamos tiene su sede en Madrid.
   a) de la cual
   b) por la cual
   c) para la cual
   d) en las cual

6. El actor ...... se oye hablar tanto, ganó un oscar el año pasado.
   a) de que
   b) que
   c) cuyo
   d) del cual

7. La piscina ...... solemos ir, se haya situada en las afueras.
   a) la cual
   b) por la cual
   c) en la cual
   d) a la cual

8. ...... es muy bruto, tiene buen corazón.
   a) Si
   b) Aunque
   c) Ya que
   d) Porque

9. Era tan ...... que se lo creía todo.
   a) sabio
   b) tocuaz
   c) ingenuo
   d) atrevido

10. El ladrón fue pillado con las manos ....
    a) en el pantalón
    b) sucias
    c) en el asunto
    d) en la masa

11. Dijo que no tardaba nada, que lo haría en un ...... de ojos.
    a) correr y cerrar
    b) abrir y cerrar
    c) guiñar
    d) cerrar

12. Es muy exigente, no pasa nada por ....
    a) claro
    b) bajo
    c) alto
    d) lado

13. ¿Hay algo más ...... hacer aquí?
    a) en
    b) ya
    c) de
    d) que

14. Les dije que se ...... prisa con los paquetes.
    a) den
    b) dan
    c) dieran
    d) daban

15. A lo mejor te ...... una visita este verano.
    a) dejo
    b) tengo
    c) voy
    d) hago

16. No es necesario que os ...... en venir.
    a) molestases
    b) molestáis
    c) molestárais
    d) molestéis

17. La próxima vez que ...... allí te compraré algo.
    a) iría
    b) fuera
    c) voy
    d) vaya

18. Me preguntó si ...... alguna cosa más.
    a) quise
    b) quería
    c) quiere
    d) querría

19. Por mucho que ...... no me convencerás.
    a) has insistido
    b) insistas
    c) insistieras
    d) insistes

20. Que yo ...., nadie ha reclamado todavía este paraguas.
    a) supiera
    b) sabe
    c) sepa
    d) sé

1. Mi hermano se empeñó en que ...... en su casa.
 a) durmieron   b) dormíamos
 c) durmiéramos   d) dormimos

2. No me quiso decir lo que pasó a pesar de que lo ......
 a) sabrá   b) supe
 c) sabe   d) sabía

3. No me extraña que le ...... tanto, porque él la adora.
 a) quiere   b) quiera
 c) quisiere   d) quería

4. Por mucho que ......, aún te faltan cosas por aprender.
 a) supieres   b) supe
 c) sabes   d) sepas

5. Espero que no ...... un tontería con esa pistola.
 a) hagas   b) hacías
 c) haces   d) hicieras

6. La próxima vez que te ...... haciendo eso, te lo quito.
 a) ves   b) viera
 c) veo   d) vea

7. Es imposible encontrar ...... variedad en una ciudad tan pequeña.
 a) cual   b) la
 c) tanta   d) tan

8. Fue ...... pie hasta su casa desde la oficina.
 a) al   b) a
 c) en   d) por

9. Si ...... más dinero, compraría esa villa.
 a) tendría   b) tuviera
 c) tengo   d) tenía

10. Sus amigos le impidieron que ...... ese error.
 a) cometa   b) cometería
 c) cometía   d) cometiera

11. Le dejé que ...... lo que ....
 a) haga/quiere   b) hiciera/querría
 c) hiciera/quisiera d) hacía/quisiera

12. Hasta que Pedrito no ...... de comer no se levantará de la mesa.
 a) terminaría   b) termine
 c) terminara   d) termina

13. Mientras ...... no le gustaba oír ruidos.
 a) estudie   b) estudiaría
 c) estudiaba   d) estudiara

14. Hasta que no ...... todo, no tendrás ningún reposo.
 a) acabaras   b) acabarías
 c) acabas   d) acabes

15. Tu mujer prefiere que te ...... la camisa azul.
 a) pusieras   b) pondrías
 c) pongas   d) pones

16. Me extrañó que no me ...... el otro día.
 a) llamara   b) llame
 c) hubo llamado   d) llamaría

17. Le dijo a la secretaria que ...... la carta a limpio.
 a) pasaría   b) pasara
 c) pase   d) pasará

18. Es una pena que no ...... bueno hoy.
 a) hacía   b) hiciera
 c) hace   d) haga

19. ¿Me permites que ...... en esta sala?
 a) fumase   b) fumaría
 c) fume   d) fumara

20. Siento que no te ...... bien hoy. Deberías irte a casa.
 a) encuentres   b) encontrarías
 c) encuentras   d) lleves

1. Me gustaría que alguien me ...... a casa en coche.
   a) llevará
   b) llevaría
   c) lleve
   d) llevase

2. ¡Qué pena que no ...... venir con nosotros!
   a) podrás
   b) pudieras
   c) puedes
   d) puedas

3. Es necesario que ...... el carnet en esa ventanilla.
   a) enseñarías
   b) enseñases
   c) enseñas
   d) enseñes

4. Es terrible que todavía ...... guerras en el mundo.
   a) habría
   b) he
   c) hay
   d) haya

5. Es posible que ella ...... la noticia de su traslado.
   a) se
   b) sabe
   c) sepa
   d) supe

6. Es normal que la gente ...... algo asustada con tantos problemas.
   a) vaya
   b) está
   c) esté
   d) sea

7. Es seguro que tu padre ...... hoy por la mañana.
   a) venga
   b) viniera
   c) vienes
   d) vendría

8. Es una lástima que no ...... a ese tipo.
   a) conocían
   b) conocido
   c) conozcas
   d) conoces

9. Te lo diré cuando todos se ....
   a) estarían
   b) van
   c) vayan
   d) fueran

10. Antes de que ...... no teníamos estos problemas.
    a) vendrás
    b) vendrías
    c) vengas
    d) vinieras

11. Tan pronto como te ...... se daría cuenta de su parecido contigo.
    a) vería
    b) ves
    c) veo
    d) viera

12. Ven a nuestra casa cuando te ...... la gana.
    a) diera
    b) daba
    c) dé
    d) da

13. Comeré las salchichas aunque no me ...... bien.
    a) sentara
    b) sentasen
    c) sientará
    d) sienten

14. No volveré hasta que no ...... a comportarte.
    a) aprendieras
    b) aprenderás
    c) aprendes
    d) aprendas

15. En cuanto ...... nos iremos al cine.
    a) vienes
    b) venías
    c) vengas
    d) vinieras

16. Tan pronto como me lo ...... te lo contaré.
    a) dice
    b) diga
    c) dijera
    d) diré

17. Me quedaría con el coche aunque no me ...... mucho.
    a) gustaba
    b) gustaría
    c) gustara
    d) gustado

18. Aunque lo ...... con sus propios ojos, no se lo creería.
    a) verá
    b) veía
    c) viese
    d) vería

19. Aunque ...... mucho se mantiene delgada.
    a) coma
    b) come
    c) comiera
    d) comí

20. Aunque ...... ganas, no iría a ese concierto.
    a) tendré
    b) tendría
    c) tuviera
    d) tenía

1. ¿ ...... limpias tú los zapatos?
   a) De qué   b) Por cuál
   c) Con cuál   d) Con qué

2. En cuanto ...... eso, puedes pasar a otra lección.
   a) aprendes   b) aprenderás
   c) aprendieras   d) aprendas

3. En cuanto me ...... el coche aquí te lo arreglaré.
   a) dejarías   b) dejaras
   c) dejas   d) dejes

4. Aunque me lo ...... no me quedo satisfecho.
   a) asegurabas   b) asegures
   c) aseguraras   d) aseguras

5. Se inclinó sobre la barandilla para que le ....
   a) veía   b) haya visto
   c) viera   d) vería

6. Quiero que lo veas para que te ...... conforme.
   a) quedas   b) quedes
   c) quedaras   d) quedarías

7. Desearía que me ...... un kilo de manzanas.
   a) pondría   b) pondrá
   c) pusiera   d) ponga

8. Vendrán cuando ...... ese programa en la "tele".
   a) acabó   b) acabe
   c) acaba   d) acabara

9. Lo hará si se lo ...... con cortesía.
   a) pidieron   b) pidieran
   c) pedimos   d) pedirán

10. Me extraña que no ...... todavía. Son ya las 10.
   a) haya venido   b) ha venido
   c) halla venido   d) vaya

11. Va a comer en cuanto ...... tiempo libre.
   a) tendría   b) tuviera
   c) tenga   d) tiene

12. Lo repitió para que todos lo ....
   a) entienden   b) entendieran
   c) entiendan   d) entendió

13. Este problema es bastante ....
   a) agradable   b) sencillo
   c) estrecho   d) natural

14. Es normal que se ...... pronto para hacer la digestión.
   a) cenó   b) cenaste
   c) cena   d) cene

15. Es necesario que me ...... la verdad cuanto antes.
   a) dices   b) digas
   c) dijeras   d) dijeron

16. ...... no me gusta esa chica.
   a) A mí   b) A mi
   c) Mi   d) De mi

17. ¿ ...... ropa te vas a llevar para el viaje?
   a) Cómo   b) Qué
   c) Cuánto   d) Cuán

18. Dame las cartas para que las ....
   a) fotocopiaré   b) fotocopiará
   c) fotocopia   d) fotocopie

19. A no ser que se lo ...... otra vez, no podrá resolver ese problema.
   a) explicas   b) expliques
   c) explicaras   d) explicabas

20. Los que no ...... el ticket no podrán pasar.
   a) enseñó   b) enseñaran
   c) enseñan   d) enseñen

1. Con tal de que ...... el trabajo no me importa pagarte más.
   a) terminarías
   b) termines
   c) terminaras
   d) terminas

2. Necesitan a alguien que ...... hablar inglés.
   a) sabía
   b) sepa
   c) supe
   d) sabe

3. ¡Quien ...... la solución que lo explique!
   a) supe
   b) sepa
   c) sabrá
   d) sabía

4. ¡Ojalá ...... tus mismos años!
   a) tuviera
   b) tuve
   c) haya tenido
   d) tenga

5. El tuyo es ...... el mío.
   a) el más largo
   b) más largo
   c) más largo que
   d) larguísimo que

6. ¡ ...... hacer el favor de irte de aquí!
   a) Querías
   b) Quisieras
   c) Quieres
   d) Quieras

7. ¡Quién ...... tan rico como Rockerfeller!
   a) fue
   b) es
   c) sea
   d) fuera

8. ¡Quién ...... tener un coche así!
   a) puede
   b) pudiera
   c) pueda
   d) podría

9. Sé que ya no te ...... vivir allí.
   a) gusto
   b) gustan
   c) guste
   d) gusta

10. Seguramente el precio de la gasolina no ...... este año.
    a) bajaría
    b) bajara
    c) bajará
    d) baje

11. Que conste que lo ...... sólo por tí.
    a) hiciera
    b) haya hecho
    c) hago
    d) hará

12. Espero ...... pronto estos ejercicios.
    a) acabado
    b) acabando
    c) acaban
    d) acabar

13. Todos comieron ...... ganas, después de la triste noticia.
    a) las
    b) por
    c) en
    d) sin

14. Iré al teatro cuando ...... tiempo libre.
    a) tuviera
    b) tendría
    c) tengo
    d) tenga

15. Bebe alcohol aunque no le ...... bien al estómago.
    a) hay sentado
    b) sentaría
    c) sienta
    d) sentara

16. No sabía que te ...... mudado de casa.
    a) tuvieras
    b) habrías
    c) hayas
    d) hubieras

17. Como es domingo no ...... que levantarme a las 8.
    a) hecho
    b) tengo
    c) he
    d) debo

18. Como no te ...... la medicina me voy a enfadar.
    a) habías tomado
    b) hayas tomado
    c) tomas
    d) tomes

19. No ...... des a tu hermano.
    a) lo se
    b) lo
    c) --
    d) se lo

20. Cuando ...... de viaje se lleva el maletín.
    a) saldrá
    b) sale
    c) se iba
    d) se busca

1. No quisiera que ...... una idea equivocada de mí.
- a) hallaras
- b) tuvieras
- c) tienes
- d) tendrías

2. Por poco no me ...... cuenta de que había un escalón.
- a) tengo
- b) estoy a
- c) doy
- d) daba

3. Va a tomar café aunque sabe que no le ...... nada bien.
- a) sienta
- b) sentara
- c) siente
- d) sentará

4. Tienen que ...... de viaje al extranjero.
- a) coger
- b) venir
- c) hacer
- d) ir

5. ¿ ...... vas a coger el tren de París?
- a) A qué hora
- b) Con qué hora
- c) Por qué hora
- d) Qué hora

6. Ganaría la apuesta si se lo ...... en serio.
- a) tomaría
- b) tomara
- c) toma
- d) tome

7. ¿Te ...... de felicitarle? Era su cumpleaños.
- a) acuerdas
- b) acordarás
- c) acordabas
- b) acordaste

8. Si ...... aquí te diré lo que han dicho.
- a) esperes
- b) esperas
- c) esperaras
- d) esperabas

9. Aunque se lo ...... en serio, no logra aprobar el examen.
- a) tomara
- b) tomar
- c) tomé
- d) toma

10. Si no tienes un poco de paciencia no ...... nada.
- a) lograrías
- b) lograras
- c) lograrás
- d) logras

11. Dime directamente lo que quieres, no te andes ....
- a) por el suelo
- b) por las nubes
- c) por las ramas
- d) por Ubeda

12. Estaban ...... la televisión cuando ....
- a) viendo/llego
- b) veían/llegaba
- c) visto/llegamos
- d) viendo/llegué

13. No somos partidarios ...... la violencia.
- a) en
- b) a
- c) de
- d) por

14. ...... trabajando en esta empresa 20 años.
- a) Va
- b) Tengo
- c) Está
- d) Lleva

15. Este cura lleva media hora ...... predicando.
- a) de
- b) por
- c) desde
- d) —-

16. Me pidió que ...... el paquete al director.
- a) llevará
- b) llevaría
- c) llevara
- d) lleve

17. ¿Crees tú que nos ...... algo sobre ese asunto?
- a) haya dicho
- b) diría
- c) dirá
- d) dice

18. ¿Dónde ...... el reloj que le has regalado a tu marido?
- a) compraras
- b) comprabas
- c) compraste
- d) compras

19. El año pasado ...... de vacaciones a la nieve.
- a) habíamos ido
- b) hayamos ido
- c) fuimos
- d) íbamos

20. Mientras ...... solía repasar sus deberes.
- a) ha desayunado
- b) desayunaría
- c) desayunaba
- d) desayunaron

1. Después de que todos se ...... cerró el bar.
   - a) habían ido
   - b) han ido
   - c) iban
   - d) fueron

2. El sábado pasado ...... las notas del colegio.
   - a) han recogido
   - b) recogí
   - c) había recogido
   - d) recoge

3. Me prometió no ...... conmigo nunca más.
   - a) enfadar
   - b) se enfadar
   - c) enfadarse
   - d) se enfadaba

4. Cuando llegaron, todavía no ...... Pedro.
   - a) hubo venido
   - b) habría venido
   - c) había venido
   - d) ha venido

5. Como no ...... hacer el problema, lo dejó de lado.
   - a) sabría
   - b) ha sabido
   - c) sabía
   - d) sabe

6. Mientras ...... eso, yo fregaré los platos.
   - a) haz
   - b) hagas
   - c) hacías
   - d) haces

7. Cuando me lo dijeron no me lo ...... creer.
   - a) he podido
   - b) podré
   - c) podía
   - d) podría

8. Aquellos armarios son pequeños pero ...... son grandes.
   - a) estos
   - b) éstas
   - c) éste
   - d) éstos

9. Yo ya ...... que era un buen actor de teatro.
   - a) sabría
   - b) supe
   - c) sé
   - d) sabía

10. Mientras estábamos en clase alguien ...... en la biblioteca.
    - a) había robado
    - b) haya robado
    - c) robaría
    - d) robó

11. Cuando ...... lo que había ocurrido me entristecí.
    - a) sabrá
    - b) sé
    - c) supe
    - d) sabía

12. Él es profesor pero ahora ...... en una fábrica.
    - a) tiene
    - b) sale
    - c) trabaja
    - d) va

13. ¿Sabes lo que ...... por ese coche?
    - a) pagaría
    - b) pagará
    - c) pagado
    - d) ha pagado

14. Cuando lleguemos ya ...... de comer.
    - a) habrán terminado
    - b) habrían terminado
    - c) terminarán
    - d) estarán terminados

15. Para cuando termine la tormenta ya ...... a casa.
    - a) habremos llegado
    - b) llegaríamos
    - c) llegaremos
    - d) llegarán

16. No ...... saludarle porque estaba enfadada con él.
    - a) había querido
    - b) querría
    - c) quiere
    - d) querrá

17. Cuando le ...... le reconoció enseguida.
    - a) haya visto
    - b) viera
    - c) vio
    - d) veía

18. Mientras recordaba su pasado se ...... cuenta de su situación.
    - a) diese
    - b) habría dado
    - c) dio
    - d) daría

19. Cuando nos vio se ...... a llorar.
    - a) pondrá
    - b) ha puesto
    - c) pone
    - d) puso

20. ...... esa casa hace 3 meses, ¿te gusta?
    - a) Descubriría
    - b) Había descubierto
    - c) Descubría
    - d) Descubrí

1. Esta mañana ...... el autobús muy temprano.
- a) había cogido
- b) cogí
- c) he cogido
- d) cogía

2. Antes ...... siempre los lunes al baloncesto.
- a) juego
- b) jugaría
- c) jugaba
- d) jugué

3. Nos ...... mañana por la mañana.
- a) veíamos
- b) hemos visto
- c) hayamos visto
- d) veremos

4. Aquél fue el ...... día de nuestra vida juntos.
- a) mejor
- b) más
- c) posible
- d) menor

5. Cuando lleguemos a casa se lo ....
- a) haya dicho
- b) decía
- c) diré
- d) diría

6. Cada vez que ...... te avisaré.
- a) llamarán
- b) llamaran
- c) llamen
- d) llaman

7. Se ...... casar dentro de una semana.
- a) tiene
- b) viene
- c) fue a
- d) va a

8. Es el ...... mentiroso que he visto jamás.
- a) mayor
- b) mal
- c) gran
- d) menos

9. Cuando te lo ...... sabrás por qué esta enfadado.
- a) contase
- b) ha contado
- c) cuente
- d) cuenta

10. Cuando ...... mi postal ya habremos regresado.
- a) recibes
- b) recibas
- c) has recibido
- d) habías recibido

11. ¿Sabías que se ...... sin pagar el apartamento?
- a) haya ido
- b) iba
- c) ha ido
- d) había ido

12. ¿Cuánto te ...... el billete el año pasado?
- a) costaría
- b) cuesta
- c) costaba
- d) costó

13. Cuando ...... la temporada turística, volveremos a casa.
- a) acabe
- b) acaban
- c) acaba
- d) acabara

14. ...... no me apetece es volver a empezar.
- a) La que
- b) Es que
- c) Que
- d) Lo que

15. Eso me parece ...... más lógico en este caso.
- a) la
- b) eso
- c) el
- d) lo

16. Le pidió que no ...... allí más tiempo.
- a) esperaban
- b) esperará
- c) espere
- d) esperara

17. En aquel tiempo todavía no ...... nadar.
- a) sabrían
- b) había sabido
- c) sabíamos
- d) sabemos

18. El profesor nos ...... leer revistas en clase.
- a) hubo
- b) aseguró
- c) dijo
- d) prohibió

19. Como era tarde le ...... hasta la estación.
- a) condujero
- b) condujo
- c) conduce
- d) llevó en coche

20. ¿ ...... te ha dicho eso?
- a) Qué
- b) El qué
- c) Cuál
- d) Quién

1. ¡ ...... tiempo ha pasado desde la última vez que te vi!
   a) Cuándo   b) Qué
   c) Cómo   d) Cuánto

2. No ...... seguir con las explicaciones, porque no le salía la voz.
   a) pudiera   b) había podido
   c) pudo   d) podrá

3. Me ha asegurado ...... no ...... dinero para el autobús.
   a) que/gozaba de   b) qué/tenía
   c) cual/tendrá   d) que/tiene

4. Si ...... pronto podríamos corregirlo.
   a) hubieras venido b) vinieras
   c) vienes   d) vendrías

5. No sé ...... podré venir esta tarde a trabajar.
   a) porque   b) aunque
   c) que   d) si

6. En cuanto ...... de aquí ponte a trabajar en serio.
   a) sales   b) sal
   c) salgas   d) saldrías

7. ...... terminar el trabajo y estoy contento.
   a) Acaba   b) Acabo
   c) Acabo de   d) Acabo a

8. Si me lo pidiera le ...... informado de todo.
   a) tendré   b) tuve
   c) tendría   d) tuviera

9. Lo triste de esta situación es que él no se da ....
   a) cuenta   b) valor
   c) precio   d) encuentra

10. Estaba seguro de que dentro de poco la población se ....
    a) duplicaría   b) había duplicado
    c) duplicado   d) duplicará

11. No tenía ni idea ...... que ...... enfermo.
    a) a/estara   b) de/estaría
    c) de/estuviera   d) en/estuviera

12. Estoy seguro de que el próximo año no ...... problemas.
    a) hayan habido   b) pasarían
    c) habrá   d) habría

13. Me aseguró que ...... muchos millones con esa operación.
    a) ganaría   b) ganará
    c) ganara   d) ganase

14. Decían que cuando ...... ese libro cobraría mucho dinero.
    a) acabado   b) acabara
    c) acabe   d) acabaría

15. No tengo ni idea ...... hora es.
    a) de cual   b) de qué
    c) a que   d) por que

16. Me preguntó si yo ...... algo de eso.
    a) sabría   b) sabía
    c) sabré   d) supe

17. Me parece ...... estúpido por su parte hablarte así.
    a) más de   b) mucho
    c) si   d) bastante

18. Estaba convencido de que todo ...... una pesadilla.
    a) es   b) sería
    c) será   d) era

19. Le aseguró que este año ...... vacaciones.
    a) tuvieses   b) tenga
    c) tendría   d) tuviera

20. ...... en Nápoles más de tres años.
    a) Vive   b) Ha vivido
    c) Viviría   d) Haya vivido

1. ¡...... tonto es ese chico!
- a) Cuánto
- b) Cómo
- c) Cuál
- d) Qué

2. Siempre que viene aquí ya ...... cenado en su casa.
- a) haya
- b) habría
- c) había
- d) ha

3. Cada vez que ...... una partida tú haces trampas.
- a) jueguen
- b) jugamos
- c) jugaban
- d) juguemos

4. Cuando me ...... ví que todo estaba en desorden.
- a) despierto
- b) despertaba
- c) despierte
- d) desperté

5. Se ...... el impermeable y salió a la calle.
- a) había puesto
- b) pondré
- c) pone
- d) puso

6. Necesito que esos hombres me ...... una mano.
- a) echarían
- b) echaran
- c) echan
- d) echen

7. Le prohíbe que ...... películas hasta muy tarde.
- a) vio
- b) ves
- c) ve
- d) vea

8. ¡Te prohíbo que ...... eso!
- a) hicieras
- b) hagas
- c) haces
- d) hizo

9. Dudo que esto ...... la pena.
- a) valga
- b) valiera
- c) vale
- d) ha valido

10. Se alegró de que ...... sanos y salvos.
- a) están
- b) estuviéramos
- c) estamos
- d) esteis

11. Esperaban que ...... asistir a la celebración.
- a) has podido
- b) puedas
- c) pudieras
- d) podías

12. Quería que le ...... a casa.
- a) lleves
- b) lleváis
- c) llevas
- d) llevaras

13. Dijo que todos se ...... reído mucho con aquel chiste.
- a) habían
- b) habrían
- c) han
- d) hayan

14. Es un vino que no ...... nunca anteriormente.
- a) había probado
- b) he probado
- c) pruebo
- d) probaría

15. El domingo ...... un concierto de música rock.
- a) escuché
- b) ecsuchaba
- c) escucharía
- d) escuchara

16. Esta noche ...... 2 veces por teléfono.
- a) llaman
- b) llamaran
- c) llamaron
- d) han llamado

17. Esta mañana me han preguntado si ...... dónde estaba Jorge.
- a) sabía
- b) sabría
- c) sabe
- d) sé

18. Aunque te ...... aquí no aprovecharás el tiempo.
- a) quedas
- b) quedes
- c) quedarás
- d) quedarías

19. A pesar de que ...... cansado hizo la comida para todos.
- a) estaba
- b) está
- c) esta
- d) estuvo

20. Los chistes que nos contó Pedro, tú ya los ...... antes.
- a) has contado
- b) hayas contado
- c) habías contado
- d) has contado

1. Cuando le di la noticia, él ya la ...... en la radio.
   a) iba escuchado
   b) habrá escuchado
   c) había escuchado
   d) ha escuchado

2. Estaba en la cama cuando ...... a verle.
   a) iba   b) fui
   c) había ido   d) fuera

3. Ese grupo musical sólo ...... 2 veces en todo el año.
   a) actuaba   b) ha actuado
   c) estaba actuando   d) habría actuado

4. Le gustaba mucho que le ...... por su trabajo.
   a) halaguen   b) halagará
   c) halagaran   d) halagarían

5. Cuando llega tarde ...... quedarse en este cuarto.
   a) ha solido   b) saldrá
   c) solía   d) suele

6. Reconozco que este texto ...... un poco complicado.
   a) es   b) sea
   c) hay   d) está

7. No me gusta que ...... con ese chico.
   a) salieras   b) salgas
   c) sales   d) salías

8. ¿Quieres que te ...... hasta la estación?
   a) acompañara   b) acompaño
   c) acompañase   d) acompañe

9. ¿Me permite que le ...... con esas bolsas?
   a) ayudase   b) ayude
   c) ayudo   d) ayudes

10. Temo que ...... otra nueva guerra.
   a) haga   b) haya
   c) tenga   d) hay

11. Se enteró de que no ...... incluido en la lista.
   a) era   b) tenía
   c) está   d) estaba

12. ¿Crees que ...... los niños clase mañana?
   a) habría   b) tengo
   c) había   d) tendrán

13. Ha notado que sus colegas ...... de mal humor.
   a) estarán   b) estarían
   c) están   d) estaban

14. Se ha presentado a las elecciones que ...... en mayo.
   a) hacía   b) hará
   c) hay   d) hubiste

15. No creo que ...... ganas de decirnos de qué se trata.
   a) haga   b) tenga
   c) diga   d) haya

16. Hay que recordar que ...... allí el año pasado.
   a) estaríamos   b) estaremos
   c) estábamos   d) estuvimos

17. Se ...... a los 82 años.
   a) muerto   b) murió
   c) muere   d) morir

18. Recordaba que ...... tenido problemas en los primeros años.
   a) hubo   b) habría
   c) había   d) hay

19. Cada vez que el jefe ...... todos empiezan a alborotarse.
   a) llegará   b) llegara
   c) llega   d) llegue

20. Le aseguro a usted que él no ...... los documentos.
   a) tendría   b) tiene
   c) tendrá   d) tenía

1. Nos afirmó que todo ...... preparado para nuestra marcha.

   a) había estado   b) estuviera

   c) estaba   d) está

2. Tenía un pantalón que le ...... por la rodilla.

   a) llegara   b) llega

   c) llegaría   d) llegaba

3. ...... estaba cansado, se quedó a terminar el trabajo.

   a) Cuando   b) Por más que

   c) Aunque   d) Si

4. Duda que ...... capaz de hacer ese trabajo.

   a) fuera   b) serías

   c) seas   d) eres

5. Se quejó de que ...... demasiado pronto.

   a) saldrían   b) salgan

   c) saliéramos   d) habían salido

6. ¿Quieres que le ...... este sábado?

   a) invitaríamos b) invitemos

   c) invitáramos d) invitamos

7. ¡Es una ...... que no ...... aprobado todo!

   a) lástima/hayas b) porquería/vais

   c) pena/hagas   d) trementa/estéis

8. No sé por qué ...... que decirnos eso.

   a) tendría   b) tuviera

   c) tiene   d) tenga

9. Te prometo que yo me ...... de ese asunto.

   a) encargaba   b) encargase

   c) encargaré   d) encargara

10. El médico le prohíbe que ...... más de 2 cigarrillos.

   a) fumara   b) fume

   c) fuma   d) fumar

11. ¿Esperas que ...... buen tiempo mañana?

   a) haga   b) hagan

   c) hace   d) haciera

12. Es una lástima que os ...... quedado en casa.

   a) tengáis   b) hagáis

   c) habéis   d) hayáis

13. Necesito que me ...... ese modelo para copiarlo.

   a) dejaras   b) dejes

   c) dejas   d) dejaste

14. Es seguro que mañana ...... fiesta.

   a) hagan   b) hayan

   c) hacían   d) harían

15. Es obligatorio que ...... los carnets en esta oficina.

   a) presenten b) presentara

   c) presentaba d) presentan

16. Es muy importante que (ellos) ...... español.

   a) aprenden   b) aprendan

   c) aprendieran d) aprendían

17. Está claro que le ...... bien sus negocios.

   a) sacuden   b) tiran

   c) van   d) tienen

18. Está visto que no ...... explicarme eso.

   a) quieras   b) quieres

   c) quería   d) quisieras

19. No parece que ...... muy mal con ese dinero.

   a) vivía   b) viviera

   c) viva   d) vive

20. No es seguro que ...... escondido el dinero aquí.

   a) esté   b) hay

   c) estuviera   d) estara

1. Me fastidia que ...... esa cara tan dura.
- a) tiene
- b) pase
- c) tenga
- d) haga

2. Me divierte que ...... esa cara tan graciosa.
- a) pusiera
- b) pondría
- c) pone
- d) ponga

3. Me extraña que no ...... a estas horas.
- a) viniera
- b) vendría
- c) haya venido
- d) ponga

4. Cuando se lo dijo no se lo ....
- a) creía
- b) creería
- c) había creído
- d) ha creído

5. Por las noches ...... más fresco que por el día.
- a) hace
- b) hará
- c) tiene
- d) sale

6. ...... vinieron tarde y otros ni siquiera vinieron.
- a) Algún
- b) Uno
- c) Un
- d) Unos

7. El ...... día me encontré con Juan Carlos.
- a) algún
- b) este
- c) un
- d) otro

8. Hasta que no ...... a casa no me quedo tranquila.
- a) llegaría
- b) llegara
- c) llegué
- d) llega

9. En cuanto ...... nos iremos todos.
- a) venga
- b) vendría
- c) vendrá
- d) llega

10. Si ...... bueno nos iríamos al campo.
- a) hace
- b) hiciera
- c) hacía
- d) haya

11. Cuando ...... se sienta en ese sillón.
- a) llegara
- b) venga
- c) llegue
- d) llega

12. Aunque ...... juntos, no son muy felices.
- a) vivan
- b) viven
- c) vivían
- d) vivieran

13. A pesar de que ...... buen aspecto, no es feliz.
- a) tendría
- b) haya tenido
- c) tenga
- d) tuviera

14. Cuando ...... la luz, ten cuidado con los focos.
- a) encenderías
- b) encendieras
- c) enciendes
- d) enciendas

15. A pesar de que ...... bastante, no hemos obtenido buenos resultados.
- a) hemos trabajado
- b) habíamos trabajado
- c) hubiera trabajo
- d) trabajemos

16. No ponía atención, y eso que se lo ...... siempre.
- a) dice
- b) diría
- c) decía
- d) dije

17. Hicieron el recorrido ...... sólo 12 horas.
- a) para
- b) por
- c) a
- d) en

18. Era normal que ...... la vista cansada después de tantos años de trabajo.
- a) tenderá
- b) tendría
- c) tuviera
- d) tenía

19. Es terrible que ...... tenido que vender el coche.
- a) hayas
- b) habías
- c) hubieras
- d) habrías

20. Me fastidia que me ...... la culpa a mí.
- a) echaran
- b) echaban
- c) echan
- d) echen

1. A Juana no le gusta que la ...... en la cola del metro.
   a) empujen
   b) empujan
   c) empujaran
   d) empujarían

2. Le pedí que me ...... el coche el fin de semana.
   a) dejara
   b) dejaría
   c) dejaba
   d) dejará

3. No me apetece que te ...... conmigo.
   a) quedas
   b) quedes
   c) quedases
   d) quedabas

4. Siento que te ...... quedado sin trabajo.
   a) habrías
   b) hubiste
   c) hayas
   d) hubieras

5. Si te preocuparas un poco ...... menos problemas.
   a) tendrías
   b) tuvieras
   c) tendrás
   d) tengas

6. Esperaba que ...... hacer siquiera eso.
   a) supiera
   b) sabría
   c) sepa
   d) sabía

7. No me apetece que ...... con nosotros.
   a) vendría
   b) viniera
   c) venga
   d) viene

8. Me dijo que todos ...... todavía en la fiesta.
   a) hubieran estado
   b) hayan estado
   c) estaban
   d) estuvieron

9. Me gusta que me ...... el desayuno a la cama.
   a) tengan
   b) tuvieran
   c) trajeran
   d) traigan

10. Tiene ...... problema con hacienda.
    a) alguno
    b) algunos
    c) algún
    d) ninguno

11. No vino ...... amigo a la fiesta de mi cumpleaños.
    a) alguno
    b) algún
    c) ninguno
    d) ningún

12. Si cambiara la situación nos ...... a casa enseguida.
    a) vamos
    b) iremos
    c) íbamos
    d) iríamos

13. Dudo que ...... tanto como dice.
    a) sepa
    b) supe
    c) sabe
    d) sabió

14. Me molesta que me ...... en el autobús.
    a) empujarían
    b) empujaban
    c) empujas
    d) empujen

15. No es cierto que ...... irse a casa.
    a) quería
    b) querría
    c) quiera
    b) quisiere

16. Es evidente que se ...... de un negocio sucio.
    a) trate
    b) tratase
    c) trata
    d) trataría

17. Nos sorprendió que no ...... nadie en casa.
    a) haya
    b) hubiera
    c) hubiere
    d) había

18. Es cierto que antes ...... mucho a clase.
    a) falta
    b) faltaba
    c) habría
    d) faltara

19. No está claro que él ...... el responsable.
    a) sería
    b) será
    c) es
    d) sea

20. No es verdad que me ...... tocado la lotería.
    a) había
    b) hayan
    c) hubiera
    d) haya

1. No es seguro que me ...... un aumento de sueldo.
a) dan
b) den
c) dieran
d) daban

2. No es tan evidente que ...... loco.
a) estuviera
b) esté
c) está
d) estaría

3. Es posible que la verdad ...... su efecto.
a) causan
b) causaría
c) cause
d) causa

4. No es verdad que ...... una falta en este dictado.
a) hubo
b) hubiere
c) haya
d) halla

5. Era normal que (ella) ...... tener unas ciertas comodidades.
a) quería
b) querría
c) quiere
d) quisiera

6. Aunque te ...... no me importaría.
a) fueras
b) ibas
c) vayas
d) irías

7. Dijo que él ...... todos los gastos.
a) pagara
b) pagare
c) pagaría
d) pagase

8. En cuanto ...... dile dónde está el hotel.
a) llegara
b) llegase
c) llega
d) llegue

9. En cuanto ...... asegúrate de que está bien.
a) vuelve
b) vuelva
c) volverá
d) volviera

10. Siempre que ...... aquí deja todo en desorden.
a) es
b) está
c) va
d) llegue

11. A medida que ...... progresando, entenderás más.
a) vayas
b) estás
c) seas
d) tengas

12. ¡Comunícamelo en cuanto te ...... posible!
a) sea
b) es
c) fuera
d) sería

13. Quiero que me ...... esa idea.
a) explicarías
b) explicaras
c) explicas
d) expliques

14. A pesar de su fallo todos le ....
a) perdonarían
b) perdonar
c) perdonaron
d) perdonan

14. Por mal que lo ...... obtendrás el puesto.
a) haces
b) hagas
c) hacías
d) harías

16. Cuanto ...... estudio ...... me doy cuenta de mi ignorancia.
a) más/más
b) menos/cuando
c) más/muy
d) más/tanto

17. ...... su padre como toda la familia le fueron a esperar.
a) Tantos
b) Tan
c) Tanto
d) Como

18. Le aseguraron que allí ...... bien acogido.
a) es
b) sea
c) sería
d) está

19. Cuanto menos ...... menos te pagarán.
a) trabajabas
b) trabajaras
c) trabajas
d) trabajes

20. Se lo dijo para que se ....
a) enterará
b) enterare
c) entere
d) enterase

1. Se lo dejó para que lo ....
   a) usaría
   b) usaba
   c) usara
   d) use

2. Tuve que esperar antes de que me ...... lo que me debían.
   a) dieran
   b) darían
   c) daban
   d) dan

3. A nada que te ...... lo conseguirás.
   a) esfuerzas
   b) esfuerces
   c) esforzaras
   d) esfuerzan

4. Por más que lo ...... no lograrás adivinar su pensamiento.
   a) pensabas
   b) pensarías
   c) pienses
   d) piensas

5. Le aseguraron que allí no ...... nada.
   a) encontré
   b) encontraba
   c) encontrará
   d) encontraría

6. Tuvo que marcharse a Italia sin ...... los libros.
   a) recogió
   b) recogerse
   c) recoger
   d) recogiendo

7. A fin de que no ...... problemas, irán a colegios separados.
   a) había
   b) hubo
   c) hay
   d) haya

8. Se lo ha dicho para que se ...... de una vez por todas.
   a) entera
   b) entere
   c) enteraba
   d) enterase

9. A menos que ...... tú, no podremos hacerlo.
   a) vienes
   b) vengas
   c) vinieras
   d) venías

10. Con ese carácter ...... te hará caso.
    a) algo
    b) que
    c) nadie
    d) nada

11. Te lo dejo, siempre que lo ...... debidamente.
    a) usaras
    b) usarías
    c) uses
    d) usas

12. Si fuera mejor ...... más amigos.
    a) tendrá
    b) tuvo
    c) tendría
    d) tuviera

13. Como no me lo ...... tú, no lo creeré.
    a) dirías
    b) diciendo
    c) dijeras
    d) digas

14. A no ser que te ...... por ella, no se fijará en tí.
    a) preocupas
    b) preocupabas
    c) preocupes
    d) precuparas

15. Me ...... tal como era antes.
    a) gusta
    b) gustaba
    c) gustaría
    d) guste

16. Ahora va a clase pero antes ...... a una fábrica.
    a) iría
    b) vaya
    c) iba
    d) va

17. Como no ...... aquí antes de las 8, me iré sin ti.
    a) estabas
    b) estés
    c) estuvieras
    d) estás

18. Siempre que me lo ...... en buen estado, te lo dejaré.
    a) devuelves
    b) devuelvas
    c) devolverás
    d) devolvieras

19. Si te ...... bien te llevaré conmigo.
    a) portas
    b) portes
    c) portases
    d) portarás

20. Si ...... un poco más le verías pasar.
    a) esperas
    b) esperó
    c) esperaras
    d) esperabas

1. Pedrito, como no te ...... bien te llevo a casa.
   - a) portas
   - b) portes
   - c) portases
   - d) portaras

2. Si llueve no ...... a la calle esta tarde.
   - a) saldré
   - b) salga
   - c) salgo
   - d) salía

3. Como se puso a llover no ....
   - a) saldríamos
   - b) salgamos
   - c) saldremos
   - d) salimos

4. ¡ ...... tener 20 años menos!
   - a) Querré
   - b) Quería
   - c) Quiero
   - d) Quisiera

5. Por más que lo ...... no termino de entenderlo.
   - a) analizaré
   - b) analizará
   - c) analizara
   - d) analizo

6. Llamó a la puerta y ...... la criada.
   - a) saldrá
   - b) saliera
   - c) salía
   - d) salió

7. Mi madre le había dicho que no ...... por allí.
   - a) vuelva
   - b) volviera
   - c) volvería
   - d) haya vuelto

8. ¿ ...... crees que te darán por estas pulseras?
   - a) Cuánto
   - b) Cómo
   - c) Cuándo
   - d) Cuál

9. ¡ ...... tiempo hacía que no te veía!
   - a) Cómo
   - b) Cuánto
   - c) Cuándo
   - d) Qué

10. Me extraña que no me ...... llamado.
    - a) habiera
    - b) había
    - c) haya
    - d) hubiera

11. ¡ ...... desgracia que ...... ocurrido eso ahora!
    - a) Qué/había
    - b) Qué/haya
    - c) Qué/hay
    - d) Qué/hubiera

12. Pienso que ...... razón en eso.
    - a) tengáis
    - b) tengan
    - c) tienen
    - d) tendrían

13. No creo que eso ...... válido.
    - a) sea
    - b) tengan
    - c) tienen
    - d) tendrían

14. Creo que ...... cometido un error.
    - a) hemos
    - b) habríamos
    - c) hayamos
    - d) tuviera

15. No he dicho que usted ...... la culpa.
    - a) tendría
    - b) tenía
    - c) tenga
    - d) tuviera

16. Los ...... habitantes de esta isla son las gaviotas.
    - a) solos
    - b) únicos
    - c) algunos
    - d) claros

17. En este momento todo ...... posible.
    - a) es
    - b) está
    - c) parecer
    - d) tiene

18. En aquel instante no ...... en lo que iba a hacer al día siguiente.
    - a) pensando
    - b) pensaba
    - c) pensaría
    - d) piensa

19. ¡ ...... esfuerzo para nada!
    - a) Cómo
    - b) Cuánto
    - c) Cuál
    - d) Cuándo

20. Este año ...... buena cosecha de trigo.
    - a) habido
    - b) hubiese
    - c) habrá
    - d) habría

1. ¿ ...... gente había en la sala de espera?
   a) Cuán
   b) Cuánta
   c) Cuál
   d) Cómo

2. Este sitio se ha ...... insufrible.
   a) hecho
   b) tenido
   c) parecido
   d) cogido

3. Mi padre ha pagado mucho por ...... botellas de vino.
   a) esa
   b) poco
   c) esas
   d) algún

4. Se dio cuenta de que se ...... equivocado completamente.
   a) había
   b) ha
   c) tenía
   d) habría

5. Luego te ...... lo que ha ocurrido.
   a) contaré
   b) contaría
   c) contase
   d) contaba

6. Al anochecer todo ...... igual.
   a) siga
   b) seguiría
   c) sigue
   d) seguía

7. Le encanta que le ...... regalos caros.
   a) ofrecieras
   b) ofrecerías
   c) ofrezcas
   d) ofreces

8. ¿Quién te prohíbe que ......?
   a) fumaras
   b) fumarías
   c) fumas
   d) fumes

9. En ...... esté lista nos iremos.
   a) que
   b) cuanto
   c) como
   d) cuando

10. Te prometo que yo ...... de tu hija.
    a) cuidare
    b) cuidara
    c) cuidaré
    d) cuidaría

11. Le he estado observando toda la mañana y no ...... nada.
    a) había hecho
    b) hiciera
    c) ha hecho
    d) hizo

12. No comprendo lo que ...... decir con eso.
    a) querrías
    b) quisieras
    c) quieras
    d) quieres

13. Se dio cuenta de que no ...... invitado a la cena.
    a) está
    b) estaba
    c) estaría
    d) estuviera

14. A poco que te esfuerces ...... conseguirlo.
    a) puedas
    b) podrán
    c) podrás
    d) pudieras

15. Es normal que ...... fatigada después del viaje.
    a) esté
    b) estuviera
    c) está
    d) estaría

16. Me aseguró que él no ...... participado en la huelga.
    a) tenía
    b) había
    c) hubo
    d) hubiera

17. No me gusta que me ...... tonterías.
    a) contaras
    b) contases
    c) cuentas
    d) cuentes

18. Es casi seguro que se ...... de vacaciones a Italia.
    a) estén
    b) vayan
    c) fueran
    d) irían

19. Ha hecho un buen trabajo ...... no ha llegado a la media.
    a) pero
    b) así
    c) ora
    d) o

20. Me preocupa que ...... tanto frío.
    a) tiene
    b) tuvieras
    c) tengas
    d) tiene

1. Mi pregunta le ...... de mal genio.
   a) puso
   b) salía
   c) halla
   d) logre

2. Me extraña que no ...... ni siquiera un amigo.
   a) tendría
   b) tiene
   c) tenga
   d) tuviera

3. Este año ...... recibido más de 1 millón de pedidos.
   a) tenemos
   b) hubimos
   c) hemos
   d) habríamos

4. Al ...... me hacen daño los zapatos.
   a) anda
   b) andar
   c) andado
   d) andando

5. Este año no podremos ir de vacaciones si no ...... antes un poco.
   a) ahorramos
   b) ahorremos
   c) ahorraríamos
   d) ahorraremos

6. Mi familia está preocupada ...... su salud.
   a) de
   b) en
   c) por
   d) a

7. Me parece que esa ...... una buena solución.
   a) sabe
   b) puede
   c) es
   d) está

8. Te ruego que ...... toda mi historia.
   a) oyeras
   b) oír
   c) oigas
   d) oyes

9. Se queja de que siempre ...... por la noche.
   a) saldrías
   b) salías
   c) salgas
   d) sales

10. Me fastidia que ...... tanta cara dura.
   a) tendría
   b) tuviera
   c) tiene
   d) tenga

11. A él le fastidia que ...... la música tan alta.
   a) pondrías
   b) tienes
   c) pones
   d) pongas

12. Me temo que hoy no ...... venir tu amigo.
   a) podrá
   b) pudiera
   c) pudiese
   d) podría

13. ¡Te ruego que ...... aquí!
   a) vinieras
   b) vendrías
   c) vienes
   d) vengas

15. Cuando llegó me ...... todos sus problemas.
   a) contará
   b) contó
   c) contaba
   d) contaría

15. Me alegro de que te ...... bien.
   a) encontrases
   b) encontres
   c) encuentras
   d) encuentres

16. No creo que ...... por aquí.
   a) apareciera
   b) apareció
   c) aparezca
   d) aparece

17. Está claro que no se ...... de nosotros.
   a) fiara
   b) fiaba
   c) fía
   d) fíe

18. Fue una pena que no ...... aquella casa.
   a) compras
   b) comprarías
   c) comprases
   d) compres

19. Aunque me lo pregunte no se lo ....
   a) diría
   b) decía
   c) digo
   d) diré

20. A pesar de que se ...... no logra aprobar.
   a) esforzarán
   b) esfuerza
   c) esfuerce
   d) esfuerzo

1. Aunque tuvimos un pinchazo ...... a tiempo.
   a) llegase
   b) llegaría
   c) llegamos
   d) llegáramos

2. En cuanto ...... por aquí dile que venga a mi casa.
   a) aparezca
   b) aparece
   c) apareciera
   d) aparecía

3. Por mucho que me lo ...... no te creeré.
   a) asegurabas
   b) asegurases
   c) asegures
   d) aseguras

4. Creo que ...... tenido problemas con el fisco.
   a) habrán
   b) haya
   c) ha
   d) hubiera

5. No espera que le ...... las vacaciones en agosto.
   a) dieran
   b) diesen
   c) dan
   d) den

6. Supongo que te ...... este mes, ¿no?
   a) fueras
   b) vayas
   c) irías
   d) irás

7. A pesar de que me ...... mucho daño, no te guardo rencor.
   a) hiciste
   b) haces
   c) hagas
   d) hacían

8. Por mucho que ...... no se hartaba.
   a) comerá
   b) comería
   c) come
   d) comía

9. En cuanto ...... ese asunto, ¡lárgate!
   a) resolverás
   b) resolvías
   c) resuelvas
   d) resuelves

10. Estaré con él desde que ...... hasta que se vaya.
    a) vendrías
    b) viene
    c) venga
    d) viniera

11. Si apruebas este examen ...... pasar a otro curso.
    a) pudiste
    b) pudieras
    c) podías
    d) podrás

12. ¡Por fin se decidió ...... cambiar de trabajo!
    a) por
    b) en
    c) de
    d) a

13. Siempre acostumbra ...... pasear un rato por el parque.
    a) por
    b) en
    c) de
    d) a

14. Presume ...... tener una fortuna en monedas.
    a) por
    b) para
    c) en
    d) de

15. Soñaba ...... ser un gran ingeniero el día de mañana.
    a) a
    b) por
    c) con
    d) en

16. Tardó mucho ...... volver de aquel viaje.
    a) por
    b) para
    c) en
    d) a

17. Cuando está borracho se ...... furioso con todos.
    a) asegura
    b) supone
    c) trata
    d) pone

18. En cuanto te lo ...... ¡llámame por teléfono!
    a) decía
    b) dice
    c) dijera
    d) diga

19. Necesita tener una secretaria que le ....
    a) ayudase
    b) ayudaría
    c) ayude
    d) ayuda

20. Le respetaban ...... sus amigos como sus enemigos.
    a) tan
    b) tanto
    c) tantamente
    d) tal

1. Se dedica a preparar una licenciatura ...... letras.
   a) para
   b) a
   c) en
   d) por

2. Debes ir a que te ...... los dientes.
   a) arreglan
   b) arreglen
   c) arreglo
   d) arreglaran

3. Me he cansado ...... esperarte allí.
   a) en
   b) a
   c) por
   d) de

4. Me conformo con que ...... por la mañana.
   a) llegaban
   b) llegaras
   c) llegues
   d) llegas

5. Te lo dejo para que me lo ...... lo antes posible.
   a) arregles
   b) arreglases
   c) arreglas
   d) arreglarías

6. A menos que me ...... la verdad no saldrás de aquí.
   a) dices
   b) digas
   c) dijeras
   d) dijiras

7. ¡Con lo importante que es, ya ...... poner más atención!
   a) podrías
   b) pudieras
   c) puses
   d) pudiste

8. A menos que me lo ...... ellos, no les contaré nada.
   a) piden
   b) pedirían
   c) pidan
   d) pidieran

9. A fin de que nadie ...... de estudios, el Estado da becas.
   a) pusiera
   b) careciese
   c) carezca
   d) carece

10. Te pago para que lo ...... cuanto antes.
    a) averiguaras
    b) averigüeis
    c) averiguas
    d) averigües

11. A no ser que ...... enfermo, siempre viene a clase.
    a) está
    b) estaría
    c) estuviera
    d) esté

12. Necesitas un rotulador para que eso te ...... bien.
    a) quedaría
    b) quede
    c) queda
    d) quedare

13. A falta de otra cosa, ... es comer esto.
    a) bueno
    b) así
    c) peor
    d) vale

14. Siempre que lo ...... por una buena causa, es aceptable.
    a) hace
    b) haga
    c) hiciera
    d) hacía

15. ...... sus 70 años parece mucho más joven.
    a) A
    b) En
    c) Por
    d) De

16. Si tuviera más éxito ...... más feliz.
    a) será
    b) sea
    c) sería
    d) fuera

17. Como no me lo ...... enseguida se lo digo a tu madre.
    a) dejas
    b) das
    c) des
    d) dieras

18. Con tal de que ...... los deberes me conformo.
    a) hicieras
    b) hagas
    c) hiciste
    d) haces

19. Se ...... a casa alrededor de las 2 de la mañana.
    a) sea
    b) esté
    c) fue
    d) fuera

20. Se lo advertiremos por si no ...... nada.
    a) sabían
    b) sabrían
    c) saben
    d) supen

1. Se hizo rico ...... un año.
    a) a   b) en
    c) por   d) para

2. Me gusta el pollo ...... horno.
    a) al   b) por
    c) para   d) del

3. Se presentaron ...... repente en su casa.
    a) desde   b) en
    c) por   d) de

4. Tienes derecho ...... quejarte por ese agravio.
    a) por   b) en
    c) a   d) para

5. Si ...... allí habrías visto el accidente.
    a) habrías estado   b) hubieras ido
    c) hayas ido   d) estuvieras

6. Si ...... más deporte no estarías tan gordo.
    a) harás   b) fueras
    c) hicieras   d) hacías

7. Si me lo ...... se lo daría.
    a) pidiera   b) pedirá
    c) pidiere   d) pido

8. Si pones la calefacción no ...... frío.
    a) tuvieras   b) tendrías
    c) tienes   d) tendrás

9. Como no ...... no cogerás el tren.
    a) espabilases   b) espabilabas
    c) espabiles   d) espabilaras

10. Como ...... no salimos ayer.
    a) llueve   b) llovería
    c) lloverá   d) llovía

11. Se lo advertiré por si ...... no lo sabe.
    a) todavía   b) entonces
    c) luego   d) más tarde

12. Si lo hubiera sabido no ....
    a) hubiera venido   b) habría venido
    c) vendré   d) viniera

13. Si no fumara tanto ...... mejor.
    a) estará   b) está
    c) estuviera   d) estaría

14. Tienes derecho ...... quejarte al director.
    a) por   b) en
    c) de   d) a

15. No hay nada que tú ....
    a) desconoces   b) desconocieras
    c) desconocías   d) desconozcas

16. Quien ...... preguntar algo que espere su turno.
    a) quiera   b) querrá
    c) quiera   d) quisiera

17. Canta tan bien ...... un pájaro.
    a) más   b) pero
    c) como   d) que

18. Según ...... llegando se cambiaban de uniforme.
    a) tenían   b) van
    c) iban   d) han

19. Tenía mucho interés en preguntarle ...... había estado.
    a) según   b) porque
    c) qué   d) dónde

20. ...... mañana no podré dejarte las llaves.
    a) En   b) A
    c) Hasta   d) Por

1. ¡A lo ...... te enteras tú antes que yo!
   a) mejor   b) claro
   c) bueno   d) seguro

2. ¡...... tengamos suerte!
   a) Ojalá   b) Vaya
   c) Entonces   d) Si

3. ¡...... aprovechado es!
   a) Cuánto   b) Qué
   c) Por qué   d) Cómo

4. ¡...... escándalo habéis armado!
   a) Hay   b) Cuánto
   c) Cómo   d) Pues

5. ¿ ...... se te ha ocurrido eso?
   a) Cómo   b) Qué
   c) Cuánto   d) En qué

6. ¿ ...... no le has dicho la verdad?
   a) Cómo   b) Pues
   c) Aunque   d) Qué

7. ¡Tú debes estar loco ...... hacer eso!
   a) por   b) para
   c) en   d) a

8. Me da ...... decirte lo que me ha pasado.
   a) vergüenza   b) ridículo
   c) seguridad   d) valor

9. Si te lo dejara aquí ...... utilizarlo.
   a) pudiese   b) puedas
   c) puedes   d) podrías

10. Te aseguro que a mí no se me había ...... eso.
    a) sentado   b) bebido
    c) ocurrido   d) parecido

11. En los años de la guerra todo el mundo ...... hambre.
    a) pasaría   b) pasará
    c) pasa   d) pasaba

12. Debes comprar una pluma que ...... mejor.
    a) escriba   b) escribiera
    c) escribe   d) escribiría

13. Todos los que ...... serán bien recibidos.
    a) vendrán   b) vengan
    c) vendrían   d) vinieren

14. Ese asunto ...... muy embrollado.
    a) es   b) está
    c) sería   d) estuviera

15. Ayer ...... una película de vaqueros.
    a) hemos visto   b) hube visto
    c) vimos   d) vemos

16. Debes comprar un coche que ...... bien.
    a) funciona   b) funcione
    c) funcionase   d) funcionara

17. Deseo encontrar una mujer que ...... de mis hijos.
    a) cuidase   b) había cuidado
    c) cuida   d) cuide

18. Si sales ahora no ...... tiempo de desayunar.
    a) tendrás   b) tendrías
    c) tuvieras   d) tienes

19. Cuando ...... en la puerta no me lo podía creer.
    a) estuvo   b) apareció
    c) aparece   d) aparecía

20. Si te alejas un poco ...... mejor la perspectiva.
    a) ves   b) verás
    c) verías   d) veras

1. Le dije que se ...... prisa.
   a) diera   b) de
   c) daría   d) ponga

2. Es una vergüenza que te ...... sola aquí.
   a) estás   b) quedarías
   c) quedes   d) quedas

3. Aunque ...... con mis padres tenía mucha libertad.
   a) vive   b) haya vivido
   c) vivía   d) vivirá

4. ...... beber en exceso es nocivo para la salud.
   a) Cuando   b) Al
   c) El   d) para

5. La paella se ha ...... un poco.
   a) hecho   b) echado
   c) crecido   d) pasado

6. ¡Cuando ......, avísame!
   a) terminase   b) termines
   c) terminas   d) terminarías

7. Si me dejas aquí ...... el autobús.
   a) cojera   b) cogería
   c) cogeré   d) cogiera

8. Por mucho que ...... no me convencerás.
   a) insistías   b) insistas
   c) insistes   d) insistieras

9. El que ...... mucho no quiere decir que sea rico.
   a) gastara   b) gaste
   c) gastaría   d) gasta

10. Lo más probable es que ahora ...... viviendo en Málaga.
   a) estuviera   b) estaría
   c) esté   d) está

11. ¡A lo mejor ...... esta tarde por ahí!
   a) iba   b) he ido
   c) iría   d) voy

12. ¡Por muy tarde que ......, avísame!
   a) será   b) sería
   c) sea   d) es

13. ¡No hay quien ...... con su mal carácter!
   a) puede   b) podría
   c) pudiera   d) pueda

14. Los que ...... venir que se lo digan al director.
   a) quieren   b) quieran
   c) querrían   d) quisieran

15. ¿Sabe alguien ...... ha pasado aquí?
   a) el qué   b) lo cuál
   c) cómo   d) lo que

16. ...... que ya lo sabes ¿por qué me lo preguntas?
   a) Puesto   b) Pues
   c) Porqué   d) Cómo

17. Desde que ...... coche se ha ...... muy creída.
   a) tenía/puesto   b) tiene/vuelto
   c) tiene/volvido   d) tendría/volvido

18. Que yo ...... nadie ha reclamado el paquete.
   a) sé   b) separa
   c) sepa   d) supiera

19. Cuando le ...... se quedó blanco.
   a) avisan   b) avisaron
   c) avisasen   d) avisarían

20. ...... llegue primero que prepare la comida.
   a) Lo que   b) Cual
   c) El que   d) Que

1. ¿Es ...... todavía no te has enterado de nada?
   a) cual
   b) como
   c) que
   d) cuando

2. Hicimos un ...... en el camino.
   a) algo
   b) alto
   c) parada
   d) alivio

3. No me gusta el vestido ...... llevas.
   a) que
   b) cual
   c) como
   d) cuando

4. ¡La próxima vez que te ...... sin hacer los deberes te echo de clase!
   a) pillara
   b) pillaría
   c) pille
   d) pillo

5. Por mucho que lo ...... no lo creeré.
   a) repites
   b) repitas
   c) repitieras
   d) repetías

6. ¡No te ...... el gracioso, ya está bien!
   a) hicieras
   b) tuvieras
   c) haces
   d) hagas

7. ¡Dile que se ...... de traer el paquete!
   a) ocupara
   b) ocuparía
   c) ocupa
   d) ocupe

8. No me importa que Pedrito ...... venido tarde.
   a) hace
   b) hiciera
   c) haga
   d) haya

9. Me amenazó ...... decírselo a su novio.
   a) con
   b) en
   c) por
   d) a

10. No me gusta que me ...... esperar.
    a) hagan
    b) haya
    c) hacen
    d) hacíais

11. El sábado que viene ...... a casa de Jorge.
    a) iremos
    b) íbamos
    c) fuimos
    d) íbais

12. Decía que le ...... timado en esa compra.
    a) habían
    b) hayan
    c) hubieran
    d) tienen

13. Este año no ...... tenido buenas notas.
    a) hemos
    b) habíamos
    c) habemos
    d) hubimos

14. No he venido porque no me ...... bien.
    a) encontraré
    b) encontrara
    c) encontraba
    d) encuentro

15. Este niño parece ...... tiene anginas.
    a) por
    b) a
    c) que
    d) de

16. Me extraña que no te ...... el libro.
    a) dejaba
    b) dejaría
    c) deje
    d) deja

17. Lo más seguro es que ...... guardado aquí.
    a) está
    b) esté
    c) estuviera
    d) estara

18. Hasta que ...... la película nos quedaremos aquí.
    a) acaba
    b) acabe
    c) acabará
    d) acabaría

19. No lo sabe porque no ...... nada.
    a) ha estudiado
    b) han estudiado
    c) había estudiado
    d) estudiaría

20. Lo más probable es que ...... libre el sábado.
    a) tengo
    b) tenga
    c) tuviera
    d) tendría

1. Lo más seguro es que ...... en la cabaña.
   a) estuviera   b) estaría
   c) estén   d) están

2. No le he visto ...... 2 años.
   a) desde   b) desde hace
   c) desde que   d) después de

3. ...... tiempo que no viene a visitarnos.
   a) Hace   b) Desde hace
   c) Hay   d) Tiene

4. No he visto a Juan desde que ...... enfermo.
   a) este   b) estuviera
   c) está   d) es

5. Me extraña que nos ...... dar el dinero ahora.
   a) quiere   b) quiera
   c) querría   d) quisiera

6. Por mucho que te ...... no me importa.
   a) enfadaras   b) enfadarías
   c) enfadas   d) enfades

7. En clase no hace ...... jugar y hablar.
   a) entonces   b) pues
   c) que   d) más que

8. Cada vez que ...... me saca dinero.
   a) vendrá   b) vendría
   c) venía   d) viene

9. No quiso decírmelo a pesar de que él lo ....
   a) sabrá   b) sabe
   c) sabría   d) sabía

10. Nos gastamos tanto dinero ...... no teníamos para el autobús.
   a) más   b) cuando
   c) que   d) pero

11. En cuanto se lo ...... se pondrá a chillar.
   a) diga   b) digo
   c) dijera   d) diría

12. Aunque ...... tarde avísame cuando venga.
   a) fuera   b) sería
   c) esté   d) sea

13. No es que ...... tonta, pero es muy despistada.
   a) sea   b) fuera
   c) es   d) sería

14. Tengo que arreglar el calentador ...... pierde agua.
   a) aunque   b) por qué
   c) ya   d) porque

15. Me preocupa que se ...... todo el día dormido.
   a) pasa   b) pasara
   c) está   d) pase

16. En cuanto ...... el colegio ya no iré a visitarte.
   a) empiece   b) empiezo
   c) empezara   d) empezaría

17. No creo que ...... al extranjero.
   a) va   b) vaya
   c) iría   d) iba

18. No hay quien lo ....
   a) entiende   b) entenderá
   c) entendería   d) entienda

19. El jefe me ha dicho que ...... a las 8.
   a) venga   b) vienga
   c) veniere   d) vengo

20. Puede que ...... contigo a la piscina.
   a) vaya   b) fui
   c) iba   d) voy

1. ¿Sabe alguno ...... ha pasado aquí?
   a) lo que
   b) cuál
   c) lo cual
   d) cómo

2. Los que ...... venir con nosotros que se presenten aquí.
   a) quieren
   b) quieran
   c) querían
   d) querrán

3. Es una vergüenza que te ...... sin hacer nada.
   a) quedas
   b) quedarías
   c) quedes
   d) quedases

4. ...... los tiempos que corren la vida está muy difícil.
   a) Por
   b) Son
   c) A
   d) Para

5. Desde que le ...... se quedó enamorada de él.
   a) ve
   b) vio
   c) visto
   d) vería

6. ¡Ya que ...... la carta, escribe la respuesta!
   a) echas
   b) tienes
   c) tiras
   d) recogías

7. ¡En la primera ocasión que ...... envíame la ropa!
   a) tengas
   b) tiene
   c) tendrías
   d) tuvieras

8. ¡Es difícil ...... entender ese embrollo!
   a) en
   b) para
   c) de
   d) a

9. Me llevo mal ...... mis padres.
   a) con
   b) de
   c) para
   d) en

10. Tuvo que ir ...... pie hasta su casa.
    a) por
    b) de
    c) en
    d) a

11. Este artículo está libre ...... impuestos en este país.
    a) en
    b) a
    c) de
    d) por

12. No puedo correr ...... zapatillas.
    a) sin
    b) por
    c) al
    d) con

13. Lleva el paquete ...... otra parte.
    a) en
    b) por
    c) para
    d) a

14. Aún no te he dicho ...... más gracioso.
    a) por
    b) este
    c) el
    d) lo

15. Tenía ...... sonrisa preciosa.
    a) el
    b) una
    c) su
    d) en

16. La última vez que lo ...... fue en Burgos.
    a) vi
    b) veía
    c) visto
    d) vería

17. Conozco a ...... con ese nombre.
    a) quien
    b) cuales
    c) algo
    d) alguien

18. Es aburrido cuando te ...... en casa.
    a) quedas
    b) quedes
    c) quedaste
    d) quedabas

19. Me parece que no acaba ...... entenderlo.
    a) por
    b) para
    c) de
    d) a

20. Este año ...... las vacaciones de Navidad en la nieve.
    a) cogeremos
    b) hallaremos
    c) pondremos
    d) pasaremos

1. Se pretende que todos ...... las mismas oportunidades.
   a) tuvieran
   b) tenían
   c) tienen
   d) tengan

2. Se dijo que todo ...... ya resuelto.
   a) estaría
   b) estuviera
   c) está
   d) estaba

3. No me gusta que me ....
   a) engañaran
   b) engañarían
   c) engañan
   d) engañen

4. Me alegro de que te ...... tan bien.
   a) encontrabas
   b) has encontrado
   c) encuentras
   d) encuentres

5. En cuanto se ...... cuenta empezará a discutir.
   a) dio
   b) dará
   c) dé
   d) da

6. Le ordené que no ...... la "tele" esta tarde. Está castigado.
   a) viera
   b) vería
   c) verá
   d) ha visto

7. La reunión ha durado ...... de 3 horas.
   a) después
   b) casi
   c) cerca
   d) pues

8. Impedí que ...... el mismo error que yo.
   a) cometerán
   b) cometen
   c) cometan
   d) cometieran

9. Permítame que le ...... lo que ha pasado.
   a) explique
   b) expliqué
   c) explicara
   d) explicaría

10. Mientras ...... no vengas a ver la tele.
    a) estudias
    b) estudiando
    c) estudiabas
    d) estudiarás

11. Nos prohibió que ...... música mientras estudiábamos
    a) escuchemos
    b) escucháramos
    c) escuchamos
    d) escuchábamos

12. Nos dijo que ...... con nosotros cuando llegara a casa.
    a) hablábamos
    b) hablaremos
    c) habláramos
    d) hablaría

13. ...... mucho que le ...... no te hará caso.
    a) A/grites
    b) Por/gritaras
    c) Por/grites
    d) Por/gritas

14. Nos pidió que le ...... con nosotros a Cuenca.
    a) lleváramos
    b) llevaríamos
    c) llevamos
    d) lleve

15. Creo que se ...... algo desilusionado.
    a) haya quedado
    b) hubiera quedado
    c) quedaría
    d) ha quedado

16. Por las noches ...... vemos la televisión.
    a) amablemente
    b) generalmente
    c) a menudamente
    d) mucho

17. El primer paso ...... dar es crear una red comercial.
    a) en
    b) por
    c) a
    d) para

18. ...... todo caso puedes quedarte aquí unos pocos días.
    a) Por
    b) Al
    c) A
    d) En

19. Nos habían dicho que ella ...... dónde vivía la Sra. Pérez.
    a) sabe
    b) sabía
    c) sabría
    d) supiera

20. Nos ha ordenado que ...... el paquete al almacén.
    a) llevamos
    b) llevemos
    c) lleve
    d) lleva

1. Es extraño ...... se parece a su abuelo.
   a) cómo
   b) qué
   c) cuándo
   d) cuál

2. ¡Pero ...... cara más dura tienes!
   a) porqué
   b) cómo
   c) qué
   d) cuál

3. ¿Me permitís que ...... en vuestra casa?
   a) fuma
   b) fumase
   c) fume
   d) fumáis

4. Me molesta ...... órdenes de él.
   a) recibir
   b) coger
   c) tomar
   d) hacer

5. Me han dicho que te ...... de apendicitis.
   a) hayas operado
   b) has operado
   c) operado
   d) hubieras operado

6. ¡Qué estúpida he sido ...... así contigo!
   a) comportando
   b) comportado
   c) compuesta
   d) comportándome

7. Si tuviera libre el sábado ...... con vosotros.
   a) iría
   b) iré
   c) fuera
   d) saliera

8. ¡Si alguna vez te ...... sólo ...... a mi casa!
   a) quedes/vuelve
   b) quedas/vendrás
   c) quedas/ven
   d) quedase/vinieras

9. Si me hubieras hecho caso no ...... así.
   a) estarías
   b) estuvieras
   c) estás
   d) estabas

10. Si me dejaras en paz te lo ....
   a) diré
   b) diría
   c) dijese
   d) digo

11. ¡Cuánto tiempo ha pasado desde ......!
   a) ayer
   b) entonces
   c) ya
   d) hace

12. ¡Qué ...... que no haya podido venir!
   a) lástima
   b) bien
   c) posible
   d) dolor

13. Mi padre estaba tumbado en el sillón cuando ....
   a) entraba
   b) entré
   c) entraría
   d) entrara

14. ...... las 12 y media hay una misa por el difunto.
   a) A
   b) En
   c) Por
   d) Para

15. ...... después de lavarme el pelo.
   a) Desayunaría
   b) Desayunara
   c) Desayunaré
   d) Desayunábamos

16. Cuando llamaste ....
   a) dormía
   b) dormirá
   c) dormiría
   d) estaba durmiendo

17. Espera un momento que me ...... la gabardina.
   a) ponía
   b) ponga
   c) pondré
   d) pondría

18. La semana que ...... iremos a Barcelona.
   a) llega
   b) viene
   c) llegara
   d) próxima

19. Me agrada recibir sorpresas de este ....
   a) tipo
   b) calibre
   c) cacho
   d) tamaño

20. ¡...... sabe qué color le gusta!
   a) Cualquiera
   b) Cuándo
   c) Quiénes
   d) Qué

1. ¡Hay ...... ver qué mal humor tiene!
   a) para
   b) que
   c) por
   d) en

2. Dijo que al día siguiente ...... huelga de camiones.
   a) hubiera
   b) hubo
   c) hay
   d) es

3. ¡Te ...... dentro de un momento!
   a) llamé
   b) llamaré
   c) llamaba
   d) llamaría

4. ¡Díle que se ...... al teléfono!
   a) pondrá
   b) ponga
   c) pone
   d) pondría

5. Ahora ...... pero dentro de un rato vendrá aquí.
   a) está estudiando
   b) estudiaba
   c) estudiando
   d) estaba estudiando

6. Nos dijeron que nos ...... a otra parte.
   a) fuimos
   b) vamos
   c) estuviéramos
   d) fuéramos

7. Le he ordenado que me ...... a limpio la carta.
   a) pasa
   b) pase
   c) pasara
   d) pasaría

8. Me animan a que ...... la carrera.
   a) terminase
   b) termine
   c) terminaré
   d) terminada

9. Me prohibió que ...... por su casa.
   a) volví
   b) vuelva
   c) volver
   d) volviera

10. Han venido ...... amigos a verme esta tarde.
    a) un
    b) unos
    c) algún
    d) alguien

11. Estaba ...... de mi error.
    a) equivocada
    b) sacada
    c) pasada
    d) convencida

12. Gracias ...... el regalo que me has hecho.
    a) a
    b) por
    c) en
    d) para

13. Ayer vi a María. .... vi en el Metro.
    a) La
    b) Le
    c) Lo
    d) --

14. Se oponía ...... todo tipo de cambios.
    a) por
    b) en
    c) hasta
    d) a

15. Te animaré ...... que acabes el maratón.
    a) al
    b) por
    c) cuando
    d) hasta

16. No me importa la verdad, siempre que ...... constructiva.
    a) sería
    b) fuera
    c) es
    d) sea

17. Me lo he encontrado ...... la mañana en el café
    a) por
    b) en
    c) a
    d) para

18. Lo dijo muy ...... serio.
    a) a
    b) al
    c) en
    d) por

19. ...... 3 años que no venía por aquí.
    a) Hacía
    b) Desde hace
    c) De
    d) Después de

20. ¡Casi no ...... venir a verte!
    a) podía
    b) puedo
    c) podría
    d) pudiera

1. ...... vive allí no viene a visitarnos.
   - a) Desde
   - b) Desde que
   - c) Cuando
   - d) De que

2. A pesar de su dolor de cabeza se ...... en clase.
   - a) quedarían
   - b) quedó
   - c) había quedado
   - d) quedaba

3. Antes de irme prefiero ...... una aspirina para el dolor de cabeza.
   - a) llevar
   - b) tomar
   - c) echar
   - d) poner

4. ¿ ...... sales con ese chico?
   - a) Desde cuándo
   - b) Desde
   - c) Desde qué
   - d) Cuánto

5. Sigo ...... en el mismo sitio que antes.
   - a) vivido
   - b) a vivir
   - c) por viviendo
   - d) viviendo

6. Siguieron ...... que estaba equivocado.
   - a) pensado
   - b) pensaría
   - c) pensando
   - d) a pensar

7. Se quedó ...... la boca abierta.
   - a) en
   - b) por
   - c) a
   - d) con

8. Hay que volver ...... repetir el texto.
   - a) de
   - b) por
   - c) a
   - d) que

9. Nunca ...... a ser nada si te comportas así.
   - a) llegaras
   - b) llegabas
   - c) llegarás
   - d) llegarías

10. No sé ...... ha podido suceder esto.
   - a) qué
   - b) pues
   - c) así como
   - d) cómo

11. Siempre va ...... le dice su hermano.
   - a) por donde
   - b) luego
   - c) por cuando
   - d) en donde

12. Me ha comentado lo que le ...... a tu primo ayer.
   - a) sucedió
   - b) sucedería
   - c) había sucedido
   - d) sucediera

13. ¿A que no te imaginas ...... me ha pasado esta mañana?
   - a) cómo
   - b) por qué
   - c) pues
   - d) qué

14. Le echaron del examen porque ....
   - a) copia
   - b) copiaba
   - c) copiaron
   - d) copiaría

15. ...... se ha molestado en aparecer.
   - a) Ningún
   - b) Nada
   - c) Quienes
   - d) Nadie

16. ¡Por ...... no cojo el autobús!
   - a) menos
   - b) poco
   - c) más
   - d) mucho

17. No bebo leche ...... 3 días.
   - a) desde hace
   - b) desde
   - c) por
   - d) para

18. Me encanta que me ...... buenas noticias.
   - a) dieran
   - b) daba
   - c) dan
   - d) den

19. Vamos a leer esto y luego ...... los deberes.
   - a) hicimos
   - b) haremos
   - c) haríamos
   - d) hacemos

20. Su tía le ha enviado a un colegio extranjero para que ....
   - a) estudia
   - b) estudiaría
   - c) estudiara
   - d) estudie

1000 TESTS ESPAÑOL

1. No creo ...... esas historias de brujería.
a) en
b) a
c) para
d) con

2. Supongo que ...... conoces la noticia.
a) entonces
b) ya
c) luego
d) con

3. ¡Alguna vez ...... que decírselo a su madre!
a) deberá
b) tendrá
c) tenían
d) tendría

4. ¡Por supuesto que te ...... agradecido!
a) estuviera
b) estaría
c) estaba
d) estoy

5. Puedes venir si ....
a) quisieras
b) quisieres
c) quieres
d) querías

6. Me lo preguntó ...... un tono extraño.
a) en
b) a
c) de
d) por

7. Al volver ...... la luz de su casa todavía encendida.
a) vimos
b) veía
c) habría visto
d) vería

8. No vino ...... no se ...... bien.
a) por cual/encontraba
b) por que/encontraría
c) por/encontraría
d) porque/encontraba

9. ¡ ...... gente hay aquí!
a) Cómo
b) Cuántas
c) Cuánta
d) Cuál

10. Siempre me ...... la contraria.
a) llevara
b) lleva
c) llevaría
d) pone

11. Cuando llegó (nosotros) ...... estudiando.
a) estamos
b) estaríamos
c) estábamos
d) estuvimos

12. El sábado no podré ir ...... tus amigos.
a) a
b) por
c) con
d) en

13. Vamos ...... divertirnos mucho con tu primo.
a) a
b) por
c) con
d) en

14. ¡Deja ...... tirar los papeles al suelo!
a) de
b) por
c) a
d) en

15. ¿ ...... de los 2 estudia Químicas?
a) Cuál
b) Quiénes
c) Cómo
d) Qué

16. En verano ...... practicar el esquí acuático.
a) entonces
b) soles
c) suelo
d) tengo

17. Se puso ...... llorar como una "Magdalena".
a) por
b) de
c) a
d) en

18. Le dio la moto para que ...... a tiempo a clase.
a) llegaría
b) llegarán
c) llegara
d) llegaba

19. ¡El último en salir que ...... las luces, por favor!
a) apague
b) apagará
c) apaga
d) apage

20. Esa es la chica con ...... me voy a casar.
a) quien
b) que
c) cuya
d) donde

1. Esa señora, ... marido está enfermo, vive en el tercero.
   - a) cuyo
   - b) de que
   - c) que él
   - d) quien

2. ...... ha estado aquí se llama Pedro.
   - a) Cuyo
   - b) Donde
   - c) El que
   - d) Que

3. Las cosas ...... me cuentas no me interesan.
   - a) con que
   - b) por que
   - c) cuales
   - d) que

4. No ha cogido el tren ...... sale a las 10.
   - a) cuyo
   - b) que
   - c) cual
   - d) quien

5. Me fastidia que se ...... a nosotros.
   - a) pague
   - b) puje
   - c) pege
   - d) pegue

6. Eres tú quien debe hacerlos, no ....
   - a) a mí
   - b) me
   - c) mi
   - d) yo

7. Mañana es ...... esa prima ...... viene a vernos.
   - a) cuando/mía
   - b) cuanto/mía
   - c) que/mi
   - d) cuando/de mí

8. El tren se dirigió ...... la primera vía.
   - a) por
   - b) en
   - c) a
   - d) con

9. Como es tan atento todos le ...... una buena persona.
   - a) consideraran
   - b) considerarán
   - c) consideren
   - d) consideran

10. ¡ ...... horror de traje!
    - a) Qué
    - b) Cuyo
    - c) Cuánto
    - d) Cuál

11. ¡ No ...... para tanto!
    - a) esta
    - b) es
    - c) parecía
    - d) temía

12. Me preguntó cuando ...... las clases.
    - a) terminé
    - b) terminase
    - c) terminará
    - d) terminaba

13. Como llegué tarde no ...... cenar con ellos.
    - a) podí
    - b) podía
    - c) pude
    - d) pudí

14. El otro día me ...... a Luisa en el bar.
    - a) encontraba
    - b) he encontrado
    - c) encontré
    - d) encontró

15. Las películas de terror son ...... más me gustan.
    - a) la que
    - b) las que
    - c) uno que
    - d) unas que

16. Les han dado una paliza ....
    - a) agarrada
    - b) sosa
    - c) bien
    - d) tremenda

17. Ha estado aquí pero ya se ....
    - a) ha ido
    - b) había ido
    - c) habría ido
    - d) hubo ido

18. A ...... todos los niños ...... gusta el chocolate.
    - a) casi/los
    - b) pues/les
    - c) casi/les
    - d) como/las

19. Las costumbres de este pueblo son muy ....
    - a) felices
    - b) alejadas
    - c) cómodas
    - d) antiguas

20. La semana pasada no ...... venir.
    - a) han podido
    - b) pude
    - c) pudí
    - d) he podido

1. Mi tía me dice que ...... ahora el tiempo.
   a) aprovecha
   b) aprovechara
   c) aprovechare
   d) aproveche

2. El sábado saldremos ...... ese pueblo de Cáceres.
   a) para
   b) en
   c) por
   d) con

3. Han elegido el ...... regalo de todos.
   a) peor
   b) más
   c) menos
   d) mal

4. Sin duda eso era lo que más ....
   a) teme
   b) temía
   c) temería
   d) temerá

5. La pensión ...... te hospedas es barata.
   a) donde
   b) en la
   c) en donde
   d) en la cual

6. Esta es la razón ...... la que no he venido.
   a) a
   b) para
   c) en
   d) por

7. Cuando salía se ...... por la escalera.
   a) caía
   b) había caído
   c) ha caído
   d) cayó

8. Como es tan distraído a veces ...... tonto.
   a) parecerá
   b) ha parecido
   c) pareciera
   d) parece

9. Lograremos ...... a la cima para las 10 de la mañana.
   a) subir
   b) tener
   c) alargar
   d) pasear

10. Me lo ha contado tal como se lo ....
    a) tienen dicho
    b) habían dicho
    c) cuentan
    d) dicen

11. Si ...... antes llegarías a tiempo.
    a) salieras
    b) saldrías
    c) sales
    d) has salido

12. Antes de que te ...... revisa todo otra vez.
    a) equivoques
    b) equivocaras
    c) equivocas
    d) has equivocado

13. ...... de su carácter tiene bastantes amigos.
    a) Por
    b) Pero
    c) Aunque
    d) A pesar

14. Van ...... esta mañana a buscar ese animal.
    a) a salir
    b) de salir
    c) por salir
    d) saliendo

15. Lo dijo para que todos se ....
    a) aclarase
    b) aclarado
    c) aclararan
    d) aclaren

16. No me gusta en absoluto que me ...... lo que tengo que hacer.
    a) dijeran
    b) dirían
    c) dicen
    d) digan

17. ¿Qué te ha parecido ...... obra?
    a) este
    b) un
    c) uno
    d) esa

18. Me agrada ...... muchacho. Parece muy listo.
    a) este
    b) éste
    c) ésto
    d) esto

19. ¿Cuál te gusta más, Pedro ...... Luis?
    a) y
    b) más
    c) o
    d) pero

20. El sábado ...... vaya a tu pueblo.
    a) posible
    b) puede
    c) una vez
    d) quizás

1. Le engañaron ...... a un chino al pobre Alberto.
   a) pues   b) como
   c) si   d) tal

2. Por las mañanas ...... tengo tiempo ...... hacer nada.
   a) apenas/de   b) casi/de
   c) tal vez/por d) apenas/en

3. Se parece mucho ...... un chico que ....
   a) a/conozco   b) en/conozco
   c) a/conoce   d) por/conociera

4. ¡ ...... jarrón más bonito!
   a) Cuál   b) Cómo
   c) Pues   d) Vaya

5. En la clase de hoy hemos ...... las lecciones 35 y 36.
   a) cogido   b) hallado
   c) conocido   d) dado

6. Estaban ...... de lo que ....
   a) hablando/hacen
   b) habla/parecía
   c) hablando/parecían
   d) hablado/pareció

7. Me parece que te ha ...... una broma pesada.
   a) pasado   b) ofrecido
   c) hecho   d) gastado

8. Si reduces el ...... de tabaco tendrás mejor salud.
   a) consumo   b) ataque
   c) producto   d) deshecho

9. Tal vez eso ...... lo mejor.
   a) haga   b) estará
   c) sea   d) vea

10. Te buscaban esta mañana ...... todo el colegio.
    a) a   b) con
    c) por   d) para

11. Me extraña que no ...... cansado después de correr 2 km.
    a) es   b) haya
    c) tenga   d) esté

12. Se ...... a estudiar y se quedó dormido sobre la mesa.
    a) puso   b) pone
    c) ponió   d) pusiera

13. Él ...... mejor los ejercicios si le explicaras la lección.
    a) haría   b) hará
    c) había   d) hiciera

14. Se cree que ...... el más fuerte de la escuela.
    a) puede   b) ha
    c) es   d) está

15. Había un ...... árbol en medio de la plaza.
    a) gran   b) grande
    c) grando   d) largo

16. Se fue ...... sus amigos a tomar un café.
    a) por   b) para
    c) a   d) con

17. Al entrar me di cuenta de que ...... unos cuadros.
    a) faltan   b) han faltado
    c) faltaban   d) faltarían

18. ¿Qué te ...... este vestido que me ......?
    a) parece/he comprado
    b) muestra/he comprado
    c) ves/he comprado
    d) parece/había comprado

19. ¡...... suerte que te quedes aquí!
    a) Cómo   b) Hay
    c) Qué   d) Cuál

20. Mis padres creían que ...... todos los días a clase.
    a) iré   b) vaya
    c) iba   d) yendo

1. Luego te diré lo que me ....
- a) habrá contado
- b) contaba
- c) ha contado
- d) contara

2. Este mes ...... un poco flojo en matemáticas.
- a) doy
- b) estudio
- c) ando
- d) propongo

3. Te espero ...... la salida de clase.
- a) a
- b) por
- c) en
- d) con

4. Las cosas no le ...... bien al pobre Roberto.
- a) van
- b) están
- c) son
- d) hacen

5. Hay que ...... para ganar dinero en los negocios.
- a) salir
- b) rezar
- c) estudiar
- d) arriesgarse

6. La carta ...... por la jefa de dirección.
- a) ha escrito
- b) es escribó
- c) fue escrita
- d) se escribó

7. Se ...... que la tierra es redonda.
- a) dirá
- b) diría
- c) dice
- d) dijo

8. Se casó con un hombre ...... trabajador.
- a) siempre
- b) mucho
- c) muy
- d) ya

9. Le puso una multa ...... aparcar mal.
- a) a
- b) de
- c) en
- d) por

10. Si quieres que ...... esto, espera un momento.
- a) haga
- b) hago
- c) haya
- d) haré

11. ¡Si vuelves temprano ...... a buscarme!
- a) va
- b) venme
- c) ven
- d) vendrás

12. Cuando ...... todos se llevaron un susto.
- a) apareciera
- b) apareceré
- c) aparecería
- d) apareció

13. Si te levantas ahora te ...... en coche.
- a) llevara
- b) llevaré
- c) llevaría
- d) llevase

14. Si ...... pregunta por mí dile que no estoy.
- a) algo
- b) alguno
- c) alguien
- d) nadie

15. Si se ...... una catástrofe todo se hundiría.
- a) produce
- b) produciría
- c) produjera
- d) produciera

16. Ya era hora de que ...... por aquí.
- a) estabas
- b) hay aparecido
- c) aparecerías
- d) aparecieras

17. Temo que no ...... como tú dices.
- a) resultaba
- b) resultare
- c) resulte
- d) resultase

18. Dile que me ...... en paz.
- a) dejaste
- b) dejara
- c) deje
- d) deja

19. Siento que te ...... tan nervioso.
- a) pusieras
- b) pondrías
- c) pondrás
- d) pones

20. Esperamos que todo se ...... como tú quieres.
- a) solucionase
- b) solucionara
- c) soluciona
- d) solucione

1. Merece la pena que ...... el trabajo.
   a) acabases   b) acabarías
   c) acabas   d) acabes

2. Hace como si ...... muy contento.
   a) estuviera   b) estaría
   c) estaba   d) estará

3. Me preocupa que ...... de lado otras asig-
   naturas.
   a) este   b) deja
   c) deje   d) dejase

4. La verdad es que no me ...... eso.
   a) importa   b) importe
   c) importase   d) ha importado

5. Luego te contaré lo que me ...... dicho.
   a) había   b) ha
   c) habrá   d) hubiera

6. Si te das prisa ...... para las 8.
   a) acabases   b) acabarías
   c) acabas   d) acabarás

7. Me duele que el profesor le ...... tan mal a
   Juanito.
   a) trata   b) trate
   c) tratará   d) tratara

8. No quiere que le ...... al colegio.
   a) llevara   b) lleva
   c) llevan   d) lleve

9. Me fastidia que ...... tan tarde.
   a) llegabas   b) llegarías
   c) llegaras   d) llegues

10. Quiero que ...... todos contentos.
    a) estéis   b) seais
    c) paséis   d) están

11. No quiero que ...... esta situación.
    a) cambia   b) cambie
    c) cambiara   d) cambiaría

12. Sentí mucho que no ...... a mi casa.
    a) vinieras   b) vendrías
    c) vendrás   d) vengas

13. Fue una lástima que se ...... la luz en aquel
    momento.
    a) apaga   b) apague
    c) apagara   d) apagaría

14. Es preciso que ...... todos aquí.
    a) estuvieras   b) estaban
    c) estén   d) estás

15. Fue necesario que ...... el director.
    a) intervino   b) intervenía
    c) interviniera   d) intervenga

16. Admito que ...... razón en eso.
    a) tengo   b) tienes
    c) tendrías   d) tuvieras

17. Me advirtió que la gente no ...... alco-
    hol allí.
    a) bebió   b) bebe
    c) bebía   d) bebiera

18. ¡Será posible que no te ...... a com-
    prarlo!
    a) decidías   b) decidiste
    c) decides   d) decidas

19. ¡Cuidado, que no se ...... tu jefe!
    a) entere   b) enterará
    c) entera   d) enterase

20. ¡...... pillara todos esos millones!
    a) Qué   b) Cómo
    c) Quién   d) Cuál

1. ¡Si quieres ahorrar ...... un diesel bueno!
a) compraras b) compraba
c) cómprate d) cómprame

2. ¡Quiero que ...... a verme!
a) vinieras b) vendrías
c) vengas d) vienes

3. Por mal que ...... el césped, se mantendrá bien.
a) cuides b) cuidas
c) cuidases d) cuidaras

4. Habíamos quedado ...... comer juntos.
a) para b) de
c) en d) por

5. Se aseguró de que ...... las 1.000 ptas. en el bolsillo.
a) tendría b) tuviera
c) tenía d) tiene

6. Ya ...... pagado el coche, así que ahora ...... ciudado.
a) está/toma b) es/ten
c) está/ten d) está/tuviera

7. No ...... más remedio que aceptar.
a) tuvo b) tendría
c) tuviera d) haya

8. Si ...... a las rebajas habrías ahorrado dinero.
a) hubieras ido b) habrías ido
c) has ido d) irías

9. ...... como me lo dices yo lo veo muy bien.
a) Tanto b) Cual
c) Tal d) Tan

10. No le hizo caso y se ...... enfadada.
a) andaba b) anduvo
c) fue d) iba

11. Ojalá ...... vacaciones.
a) tendría b) tuve
c) tuviera d) tiene

12. Me explicó que no ...... terminar el trabajo.
a) pudiera b) haya podido
c) podía d) pudiese

13. Se lo planteé sin andarme con ....
a) cortes b) salidas
c) rodeos d) pesadillas

14. Su alegre carácter le había valido la ...... de todo el mundo.
a) satisfacción b) posibilidad
c) aplauso d) aprobación

15. Me dijo que no le ...... hasta el martes.
a) esperara b) ha esperado
c) espero d) esperaría

16. Tus primos ...... mañana por la mañana temprano.
a) serán b) vendrían
c) tendrán d) vendrán

17. Te ...... tu visita.
a) agradezca b) agradezco
c) agradeciera d) han agradado

18. ¿ ...... sigues en la Universidad?
a) Pues b) Si no
c) Todavía d) Luego

19. Su profesor solía llegar a ....
a) hora b) minuto
c) punto d) tiempo

20. No lo hice por tu hermano, lo hice ...... ti.
a) por b) en
c) a d) para que

1. ¡No entiendo por qué se ...... portado así!
   a) hubiera   b) había
   c) ha   d) habría

2. Le dio las gracias ...... su colaboración.
   a) a   b) por
   c) en   d) para

3. No tengo ni ...... ganas de hablar.
   a) ya   b) entonces
   c) aún   d) siquiera

4. Lamento haberle ...... en la pierna.
   a) pisado   b) tirado
   c) golpeado   d) vuelto

5. Aunque no me lo agradeciera le ...... ese favor.
   a) haré   b) hago
   c) haría   d) hiciera

6. ...... de que estudies me da igual que ...... música.
   a) con tal/pongas   b) aunque/pongas
   c) si/pones   d) con tan/pongas

7. El sábado ...... a traerte el libro.
   a) pasaba   b) viniera
   c) vendré   d) vendría

8. La historia de su vida ...... bastante complicada.
   a) es   b) está
   c) estuviera   d) estaría

9. ...... fuerza de trabajo conseguirás llegar a un buen puesto.
   a) Por   b) Con
   c) En   d) A

10. Por mucho que me lo ...... no lo entenderé.
    a) expliques   b) explicas
    c) explicaras   d) explicarías

11. A pesar de sus riquezas es una persona muy ....
    a) extraño   b) rico
    c) humilde   d) dadivoso

12. Me faltan ...... preguntas para acabar este cuestionario.
    a) algunas   b) algo
    c) algún   d) alguien

13. Si te decides a salir, ...
    a) avise   b) avisado
    c) avísame   d) avísate

14. Logrará ...... lo que se ....
    a) todo/propondría   b) todo/proponga
    c) todos/proponga   d) todos/prononía

15. El martes sale a la ...... un nuevo periódico.
    a) avenida   b) pasada
    c) aparición   d) venta

16. Lamento decirte que tu abuela ...... grave.
    a) esté   b) sea
    c) está   d) es

17. Sale ...... con un chico noruego.
    a) ya   b) pocas
    c) a veces   d) nunca

18. Se esfuerza para que tú ...... estudiar.
    a) puedas   b) podrías
    c) puedes   d) pudieras

19. Estimaba que su pregunta ...... innecesaria.
    a) fuera   b) sería
    c) era   d) estaba

20. Ayer se marchó al monte y todavía no ......
    a) había vuelto   b) ha vuelto
    c) volvió   d) haya vuelto

1. Todos estaban enfadados porque les ...... llevado la contraria.
- a) habrá
- b) habría
- c) he
- d) había

2. Si ...... antes le habría esperado.
- a) viniera
- b) hubiera venido
- c) vendría
- d) vendrá

3. No se lo diré a nadie si me lo ....
- a) contarías
- b) contaras
- c) cuentas
- d) contabas

4. El hombre, ... pertenece ese perro, es mi vecino.
- a) que
- b) el cual
- c) alguno
- d) a quien

5. Me ha preguntado ...... cosas sobre ti.
- a) algunos
- b) ninguno
- c) algunas
- d) nada

6. Cuando llegues llámame ...... teléfono.
- a) en
- b) con
- c) si
- d) por

7. Para que ...... salir prepárate pronto.
- a) puedas
- b) puedes
- c) podrías
- d) has podido

8. Fue a la ciudad ...... coche.
- a) con
- b) por
- c) sin
- d) en

9. El niño ...... está ahí es su hijo.
- a) cuyo
- b) que
- c) alguno
- d) cual

10. No tiene nadie ...... acudir.
- a) al cual
- b) a cuyo
- c) al que
- d) a quien

11. He visto ...... niños jugando en el parque.
- a) ningún
- b) alguien
- c) algunos
- d) algunas

12. Cuando me dieron la noticia (yo) ...... en Madrid.
- a) he estado
- b) había estado
- c) estuve
- d) estaba

13. Me encantaría visitarte pero no ......
- a) pude
- b) podía
- c) podría
- d) puedo

14. ¿No te importa que ...... el trabajo esta tarde?
- a) haría
- b) haya
- c) hace
- d) haga

15. Me parece que Pedro no ...... muy en forma, parece enfermo.
- a) estaba
- b) estaría
- c) estuviera
- d) está

16. ¡Quién lo ...... dicho de un tipo como él!
- a) ha
- b) haya
- c) había
- d) hubiera

17. El sábado tal vez ...... con vosotros a Irún.
- a) iría
- b) volviera
- c) vaya
- d) fuera

18. Cuando hablé con él por teléfono me ...... que estaba acatarrado.
- a) parece
- b) parecía
- c) pareció
- d) parecer

19. Van a ...... un nuevo paso en la autopista.
- a) abrir
- b) abriendo
- c) abierto
- d) abrirán

20. La fecha ...... la desconozco todavía.
- a) exacta
- b) parecida
- c) corriente
- d) hablada

1. No me preocupa que todo ...... tan desordenado.

    a) esté   b) sea

    c) vaya   d) está

2. Estaban construyendo la casa ...... 2 años.

    a) desde hará   b) desde

    c) desde hace   d) desde hacía

3. ...... media hora que ha empezado el discurso.

    a) Hace   b) Da

    c) Desde hace   d) Hacía

4. ¡Cuánto tiempo ...... que no pasabas por aquí!

    a) haga   b) haría

    c) hacía   d) hará

5. ...... media hora no hemos hablado nada.

    a) Durante   b) En

    c) Por   d) A

6. Cuando ...... estaban terminando de comer.

    a) llegué   b) llegará

    c) llegue   d) llega

7. ¿ ...... distancia está el aeropuerto?

    a) A dónde   b) A cuál

    c) Cómo   d) A qué

8. Están decididos ...... quedarse.

    a) de   b) en

    c) a   d) por

9. Era un hombre ...... mucho futuro.

    a) por   b) a

    c) con   d) para

10. Hoy no he comido ...... ganas.

    a) con   b) de

    c) por   d) las

11. ¡Quién ...... una mansión así!

    a) tendrá   b) tendría

    c) tuviera   d) tiene

12. Se lo dijo a todos para que se ...... del sitio.

    a) acordaban   b) acordarían

    c) acordaran   d) acuerden

13. Me molesta que ...... todo el día detrás de mí.

    a) andas   b) andes

    c) anduviera   d) andabas

14. En principio no creo que ...... problemas.

    a) tuviéramos   b) tendríamos

    c) tenemos   d) tengamos

15. Le molestó que le ...... todo eso.

    a) dijera   b) diría

    c) diga   d) dice

16. Lo haría con gusto si me lo ....

    a) pidieras   b) pudieras

    c) pedías   d) pedirás

17. Ayer me encontré ...... el chico que conoces.

    a) por   b) en

    c) con   d) a

18. Comeríamos si nos ....

    a) apetecería   b) apetecerá

    c) apetecía   d) apeteciera

19. ¿Te importaría ...... esta carta a máquina?

    a) escribir   b) escribiendo

    c) escribirías   d) el escribir

20. Estaban tan contentos que no se daban ...... de nada.

    a) tiempo   b) contado

    c) valor   d) cuenta

1. Para cuando lleguen ya ...... terminado.
 a) había   b) hemos
 c) habremos   d) habríamos

2. ¡Por ...... no cojo el autobús!
 a) poco   b) demasiado
 c) ya   d) menos

3. ...... dulces son malos para los niños.
 a) Pocos   b) Demasiados
 c) Entonces   d) Menos

4. Estaba hablando cuando ...... el teléfono.
 a) sonaría   b) sonó
 c) sonaba   d) suena

5. Te esperamos ...... 10 minutos.
 a) desde   b) desde hace
 c) hacía   d) ha

6. Cuando se ...... cuenta ya estaba a 1 km. de allí.
 a) da   b) dio
 c) diera   d) daba

7. Mientras ...... debes permanecer en este vagón.
 a) viajabas   b) viajaras
 c) viajes   d) viaja

8. Con muchos arreglos ...... andar ese coche.
 a) había podido   b) podría
 c) pudiera   d) pueda

9. ¿Qué mala pata que se .... caído!
 a) esté   b) sea
 c) ha   d) haya

10. Lamento que tu hermano ...... ese accidente. ·
 a) tenga   b) tuvo
 c) tuviera   d) tendría

11. Supieron lo ocurrido ...... verle aparecer.
 a) por poco   b) aunque
 c) cuando   d) nada más

12. No quiero felicitarle ...... no es amigo mío.
 a) ya   b) si no
 c) pues   d) nada más

13. Ayer supe que tu hijo ...... un buen actor.
 a) sea   b) fuera
 c) siendo   d) es

14. No quiero decirle nada porque si no se ....
 a) enfade   b) enfado
 c) enfadara   d) enfada

15. Mientras tomaba la cerveza ...... el bar.
 a) observarán   b) observé
 c) observo   d) observaría

16. Si llueve ...... a casa.
 a) fuimos   b) iremos
 c) iríamos   d) hemos ido

17. No me llames ...... esté en casa.
 a) que   b) cuyo
 c) porque   d) aunque

18. Si ...... al fútbol llámame.
 a) fui   b) fue
 c) fuiste   d) vas

19. Si vinieses pronto ...... compraría un caramelo.
 a) lo   b) te
 c) a mí   d) aunque

20. Mañana ...... a ver ese partido.
 a) iba   b) iría
 c) he ido   d) iré

1. Me arrepiento de ...... llamado idiota.
a) haberte
b) haber
c) habido
d) habría

2. La silla ...... se ha roto era verde.
a) cuyo
b) quien
c) cual
d) que

3. He visto a Pedro ...... su padre esta maña-na.
a) a
b) en
c) con
d) de

4. Ayer ...... en el cine con Luis y sus herma-nos.
a) estás
b) estoy
c) estuve
d) estaría

5. Aquella tarde me ...... como una ostra.
a) aburriría
b) aburrirá
c) aburrí
d) aburro

6. Últimamente tu hermana ha ...... a engor-dar.
a) volvido
b) ido
c) vuelto
d) estado

7. En aquella época todavía ...... soltera.
a) será
b) es
c) sería
d) estaba

8. No me gusta que ...... a esas horas. Es muy tarde.
a) vendrías
b) vendrás
c) vengas
d) viniese

9. Aquel día fue el ...... en muchos años.
a) más
b) peor
c) muy
d) bastante

10. ¡Pero qué ideas ......!
a) tendrías
b) pones
c) tienes
d) tendrás

11. Antes se ...... mal con sus padres.
a) parecía
b) hablaba
c) estaba
d) llevaba

12. ¡Cada vez que ...... por aquí avísame!
a) aparece
b) aparezca
c) apareciera
d) aparecerá

13. No me importa que ...... hasta tarde.
a) trabajaras
b) trabajases
c) trabajas
d) trabajes

14. Es la persona ...... que he conocido.
a) más seria
b) más posible
c) tan seria
d) muy seria

15. El empleado ...... salir a las 9 a tomar un café.
a) suele
b) sueles
c) solías
d) debe

16. ¡Supongo que ahora nos ...... !
a) invites
b) invitases
c) invitarás
d) invitabas

17. Trabaja ...... horas en esa empresa.
a) al
b) con
c) en
d) por

18. Esta tarde creo que me ...... en casa.
a) quedase
b) quedaba
c) quedaré
d) quedare

19. Van a prepararse ...... hacer una esca-lada.
a) en
b) a
c) para
d) por

20. Me dijo que me ...... inmediatamente.
a) callara
b) callaba
c) callaría
d) calla

1. Ayer ...... de sus vacaciones en Egipto.
   a) regresó   b) regresarán
   c) habían regresado d) regresan

2. Tuvo que marcharse ...... tenía un trabajo
   pendiente.
   a) por más que   b) para que
   c) ya que   d) sin que

3. Le gustaba que le ...... coba.
   a) dieran   b) daban
   c) darían   d) den

4. ¿Cómo te ...... hoy? Un poco mejor,
   gracias.
   a) encuentras   b) encuentres
   c) encontrabas   d) encontrases

5. ¡Pero qué niño ...... travieso!
   a) tanto   b) tan
   c) así   d) muy

6. ¿Dónde ...... usted sentada en el momento
   del accidente?
   a) está   b) estaba
   c) estuve   d) estuvi

7. Ella quería que yo ...... a su lado.
   a) sentara   b) me sentara
   c) sentase   d) me sentaría

8. ¿ ...... esa clase de comida?
   a) Gusta a ti   b) Le gusta a ti
   c) Te gusta a ti   d) Gustas

9. ¿Hiciste ...... te dije cuando vine?
   a) lo que   b) el que
   c) que   d) cual

10. Es una pena que todo esto no ...... en el
    armario.
    a) cabe   b) quepa
    c) cabía   d) cupa

11. La ropa no ...... en el armario.
    a) cabía   b) cupía
    c) cupe   d) quepa

12. ¡No ...... usted tan tarde a trabajar!
    a) ven   b) venga
    c) vengas   d) vayas

13. No había ...... cuando fui.
    a) ninguno   b) ningún
    c) nadie   d) ninguna

14. Ella no sabía ...... todavía.
    a) nadie   b) algo
    c) ningún   d) nada

15. Todavía no ...... lo que quiere ese
    hombre.
    a) se   b) sé
    c) sepa   d) sabía

16. Espero que lo ...... lo antes posible.
    a) hacen   b) hagas
    c) hace   d) hizo

17. Cuando ...... a Madrid ven a verme.
    a) vienes   b) vengas
    c) ven   d) viene

18. Si alguien pregunta por mí dile que ......
    ocupado.
    a) estoy   b) estaba
    c) estuve   d) soy

19. Creo que esta tarde.
    a) va a llover   b) llovía
    c) llueve   d) llovería

20. Le dijeron que había ...... el examen.
    a) suspendido   b) fracasado
    c) fallado   d) hundido

Otras obras de interés del mismo autor

Frases estructuradas - niveles 1, 2, 3
Ejercicios diversos - niveles 1, 2, 3
Crucigramas didácticos - niveles 1, 2, 3
Juegos de palabras - niveles 1, 2, 3
Tests - niveles 1, 2, 3, 4, 5,
Gramática española - niveles 1

Comics

Pinocho (con casete)
Heidi (con casete)
Tom Sawyer (con casete)
Alí Babá

Narrativa breve

La cajita mágica (niños)
El perro fiel (jóvenes)
Cómo comportarse (adultos)
Error trágico (adultos)
Historias verídicas (adultos)